国家出版基金项目
NATIONAL PUBLICATION FOUNDATION

中国人的美德

ZHONGGUORENDEMEIDE

焦国成◎主编
郭清香◎编著

经历数千年传承、融汇时代精神的美德，是中国人思想道德的灵魂，是构筑中国人时代精神的血脉，更是中华民族伟大复兴的根基。

信

天津出版传媒集团
天津人民出版社

图书在版编目(CIP)数据

信 / 郭清香编著. -- 天津：天津人民出版社，
2013.7(2013.9 重印)
　(中国人的美德 / 焦国成)
　ISBN 978-7-201-08284-4

Ⅰ.①信… Ⅱ.①郭… Ⅲ.①品德教育–中国–青年
读物②品德教育–中国–少年读物 Ⅳ.①D432.62

中国版本图书馆 CIP 数据核字(2013)第 171546 号

天津人民出版社出版
出版人：黄　沛
（天津市西康路 35 号　邮政编码：300051）
邮购部电话：（022）23332469
网址：http://www.tjrmcbs.com
电子信箱：tjrmcbs@126.com
三河市同力印刷装订厂印刷

2013 年 7 月第 1 版　2013 年 9 月第 2 次印刷
787×1092 毫米　16 开本　10 印张　1 插页
字数：100 千字
定　价：29.80 元

「前言」

　　"美德"是什么？在有些人看来，就是埋头傻干而不计报酬多少，与人交往而甘愿事事吃亏，不考虑个人得失而时时奉献，因此，"美德"不过是忽悠傻瓜的着数，"高尚"无非是中着儿的蠢人才会去追求的做人境界。在这些"智者"的眼里，只有名利权位、声色犬马才是值得去追求的，而"美德"则不值一文。这种想法，让我们想到了丛林中的狐狸和狼。那些"智者"的智慧，也不过是丛林之中狐狸和狼的智慧。对狐狸和狼来说，甚至对只图利益的"小人"来说，美德确实什么都不是。但是，我们到底是要把市场经济下的社会建设成一个美好的人类世界，还是要把它变成一个绿色丛林？丛林之中，没有谁永远都是强者，即使老虎、狮子也不例外。当那些信奉丛林规则的"智者"成为"更智者"爪下的一块肉时，他的智慧又在哪里？

　　孟子说："得道者多助，失道者寡助。寡助之至，亲戚畔之；多助之至，天下顺之。"(《孟子·公孙丑下》)利己主义者的智慧是一种小

聪明,虽然可以暂时得利,但这种利总是有"害"相跟随。因为占了别人的便宜,固然可以一时得意,但当被千夫所指的时候,他的得意也就不在了。前乐而后苦、开始得意而日后途穷的智慧,无论如何也不能说是一种高妙的智慧。真正的赢家应该是淡泊名利、以德服人的人。

在有美德的人看来,有损美德的利益不是一种利,反而是一种害。正如孔子所说:"不义而富且贵,于我如浮云。"(《论语·述而》)避开了不符合道义的利益,同时也就避开了它可能导致的害。俗语也说:"为人不做亏心事,半夜敲门心不惊。"爱好美德的人,善于约束自己,上不愧于天,下不怍于人,心里坦坦荡荡,安宁舒畅。能使自己愉悦幸福一生的,莫过于美德。代代相传的"富润屋,德润身"箴言,是以往高贤大德的切身体验,决非忽悠人的虚言。

有美德的人讲仁讲义,乐于助人,乐于成人之美,这有助于消融人与人之间的冷漠和对立,增进人与人之间的和谐与合作。团结就是力量。合作强于孤军作战。人之所以能够胜过万物,就在于人与人之间能够合作起来。

美德是立于不败之地的精神力量。有美德的人,是在爱人中爱己,在利人中利己,在使众人快乐中获得自己的快乐。因为他行事

以德，故服人不靠威势武力；因为他爱人利人，故能把自己与大众连为一体。因此，孟子才说"仁者无敌"。

美德是可以惠及整个社会和子孙万代的精神财富。孔子曾经提出过"惠而不费"的君子智慧。在他看来，"因民所利而利之"的德政是惠而不费的。如果我们能把孔子的思想发挥一下，使美德真正成为每一个人的操守，社会将变得更加美好。做父母的有慈的美德，天下的儿童就都幸福了；做子女的有孝的美德，天下的老人就都幸福了。同样，每个社会位置上的人都有美德，天下就会是一个大道流行、人人幸福的世界。这就是真正的"惠而不费"。

新中国成立已有六十余年，改革开放已经三十余年，我国的社会主义建设取得了令世界瞩目和赞叹的成就，中国人民过上了小康的幸福生活。然而，中国社会的道德风气却很不如人意：急功近利的追求、冷漠的处世态度、庸俗的休闲生活，已经成为许多人的生活写照。腐败现象屡禁不止，法纪的权威性受到挑战，潜规则大行其道，假冒伪劣层出不穷，这已经是伴随市场经济的发展而出现的司空见惯的社会现象。道德的沙漠化现象开始初露端倪。因此，道德文明的建设已经显得比任何时候都更加迫切。

历经数千年传承、融汇时代精神的美德，是中国人思想道德

的灵魂，是构筑中国人时代精神的血脉，更是中华民族伟大复兴的根基。

为了弘扬美德，我们组编了《中国人的美德》丛书。丛书针对市场上缺少入情、入理、入心的道德教育读物，专门为广大未成年人精心打造。要改善社会的道德风气、提高社会的道德水平，首先须有好的读物。本丛书力求适应这一社会需要。丛书力求将中华民族的传统美德、优秀革命道德和时代精神完美融合，将传统精神和时代精神、文化继承和文化创新有机结合起来，力求凸显社会主义道德的中国特色和民族道德传统的历史延续性。在保证其通俗性、可读性的同时，力求有一定的创新性。如果此套丛书能够激发起广大未成年人对中国人的美德的兴趣和向往，我们将感到无上的荣幸和欣慰！

焦国成

2013 年 6 月于北京

中 国 人 的 美 德

Mulu /目录/

信

第一辑

解析篇

JIEXIPIAN

中 国 人 的 美 德

ZHONGGUOREN
DEMEIDE

信

　　信德产生于人类社会初期，有了人类社会就有了人与人之间互"信"的要求。后来，"信"被定为中国传统社会核心道德规范"五常"之一，成为中国人的传统美德。时至今日，信德仍然是我们社会交往的基本道德要求。

信德的由来及内涵

　　就目前可查的材料看，"信"作为成文的规范，最早出现于中山王鼎的铭文。中山王鼎是战国时代中山国王所作铜鼎，1977年出土于河北省平山县中山王墓中。鼎上的铭文记录了中山国在晚商和战国之间的历史。中山王鼎上铸有"余知其忠信也"的文字，同时出土的中山王方壶上也铸有"忠信"二字，这说明"信"很早就是中国人看重的美德。

　　从字形结构上看，"信"字是个会意字，左边是"人"，右边为"言"，象征人说话。当然并不是所有人讲的所有话都可以为"信"，只有真实的话才可以称为"信"，因此，信最基本的含义指真心诚意的话，强调言自衷出，做人表里如一。所以古人说："人之所以为人者，言也。人而不能言，何以为人？言之所以为言者，信也。言而不信，何以为言？"（《春秋谷梁传·僖公二十二年》）人区别于动物的标准之一就是人能说话，而人说出的话能被称为人话必须符合信德的要求。后来东汉许慎在编我国第一部按部首编排的字典《说文解字》的时候把"信"解释为："信，诚也，从人从言，会意。"意思是说，信是一个会意字，与人的语言有关，强调说话要真心诚意。汉语中经常将诚和信连用，组成"诚信"一词。

　　信要求语言表达人的真实想法，但并非在所有的情况下人们都能够面对面直接交流。由于空间和时间的关系，语言需要以另外的方式来表达，并保证其真实性，这就衍生出"信"的其他含义。由

信

于空间的关系人们无法直接对话,就产生了"书信",以书写的方式通过信使来传递信息;或者当事人不能到场,以"信符"来代表当事人的意思。由于时间的关系,人们在彼时许下的诺言只有在未来才能验证其真假,于是人们使用"信物"或"契约"作为凭证。书信或各种凭证的意义在于保证传递的信息是真实可信的,并且所言的内容能够得到实现,简言之,保证说出来的话是真的。

作为一种美德,信的基本含义是诚实守信、真实无妄。但随着时间的推移,信德的内涵逐渐形成并丰富起来。在春秋之前,信德多用在祭祀的场合。"信"要求人在神灵面前老老实实地说真话,如《左传·桓公六年》中记载:"忠于民而信于神。"《尚书·孔传》中也记载:"鬼神不保一人,能诚信者则享其祀。"在古人看来,神灵具有超人的能力,他们对人的洞察不差毫厘。如果人在神灵面前祷告或盟誓不能真心诚意,结果不堪设想。因此,信德要求古人在祭祀祈祷时要诚实不欺,不可妄言。后来,信德从人对神灵的交往要求,慢慢摆脱宗教色彩,逐渐成为一项人类社会交往的规范。它的含义随着人类社会活动的扩展而逐渐丰富,并扩大了使用的范围。在汉代,信德被定为五常之一,成为贯穿人类生活各领域、调节人们之间各种关系的规范。

第一,信德是做人的根本。

一个人如果想在社会上立得住,必须使别人信任自己。如果大家都认为某人是一个失信的人,这个人就无法在社会上立足了。所以说,信德是一个人立身的根本。古人说:"人之所以立,信、知、勇也。"(《左传·成公十七年》)人为什么能够在社会中立足呢?因为人有信、智、勇三种德行。如果没有信德，人在社会中就无法立身，所谓"失信不立"（《左传·襄公二十二年》)就是这个意思。所以孔子特别强调人"无信不立"，感叹"人而无信，不知其可也"（《论语·颜渊》)。一个人如果没有诚信，大家都不相信他的话，他在社会上就无法行走，什么事情也干不成。

第二，信德是齐家之道。

中国人的理想是"修身齐家治国平天下"，家庭是一个人的港湾和基地，对个人道德品行的养成和社会功绩的获得都起着举足轻重的作用。家庭的主要关系是夫妻关系、父子关系和兄弟关系，这些关系的处理都离不开诚信。唐代著名大臣魏徵说过："夫妇有恩矣，不诚则离。"（《群书治要·体论》)夫妻之间彼此忠诚，彼此信任，家庭才能够稳定和持续发展。其他家庭成员之间也应该以诚相待，诚实守信，这样才能和睦相处，达到"家和"的目的。父子之间也需要坦诚相待、诚实守信。有时候家长为了摆脱孩子的纠缠，会哄骗孩子。一次两次可能见效，时间久了，父母的威信会逐渐丧失，孩子也慢慢地学会了说谎。如此一来，不仅父母子女的关系会越来越差，这种环境下长大的孩子在进入社会后也不容易相信别人和被别人相信。

第三，信德是人际交往的准则。

人在社会中，必然和其他人交往，但谁也不愿意和一个不守信的人打交道。古人看到这一点，提出"乡党之间观其信诚"（《逸周书》)。乡党指同乡的人，古代交通不便，人们很难离开自己出生的地方，所以乡党几乎是人们日常交往的所有对象。乡党之间要以诚

信

相待，守信行事。在与乡党交往中，有一些人会结交成为关系密切的朋友。朋友之间也必须有信。孔子说："与朋友交，言而有信。"（《论语·学而》）孔子的弟子曾参把"与朋友交而不信乎"（《论语·学而》）作为每日三省中的一省，来审视自己一天的行为是否有过错。俗话说，一个篱笆三个桩，一个好汉三个帮。一个人的成功离不开他人的支持和帮助，而要赢得他人的真诚相助，首先自己要取信于人。所以，坚持说老实话，办老实事，以诚立身，以诚待人，不因各种利害得失而弄虚作假、食言毁约，自然能得到越来越多的人的信赖和关心，帮助自己克服前进道路上遇到的困难。若诚信缺失，甚至严重失信，只会招致他人的轻视和戒备，不可能有真正的朋友，也不可能得到真正的帮助。

第四，信德是立业的保障。

人在社会中总要从事一番事业，让自己的人生价值通过事业体现出来。信德可以帮助我们取得事业的成功。《易经》中说："君子进德修业。忠信，所以进德也。修辞立其诚，所以居业也。"意思是说，忠信是用来增进美德的；言论要以诚信为本，用以积功立业。为什么取得事业的成功需要有信德呢？孔子说过："信则人任焉。"（《论语·阳货》）一个人有了信誉，才会得到重视和任用。这是事业成功的一个基础。此外，事业要成功，必须能够得到大家长时间的认可，这就要有信誉。尤其在商业活动中，信誉非常重要。信誉的好坏是事业成功与否的关键。信誉体现在货真价实上，也体现在童叟无欺上。

第五，信德还是治国的要求。

一个国家能够长治久安，信是不可缺少的条件，它在社会中所起到的作用可能比强兵还大。当学生子贡问孔子"足食"、"足兵"、"民信"三者对于国家治理的作用时,孔子把"信"作为最重要的方面,因为"自古皆有死,民无信不立"(《论语·颜渊》)。孔子将取信于民作为政治最根本、最重要的充分必要的前提和条件。如果社会中缺少了信,会怎么样呢?《吕氏春秋》中有一篇《贵信》,对国家失信后的严重后果进行了描述:"君臣不信,则百姓诽谤,社稷不宁。处官不信,则少不畏长,贵贱相轻。赏罚不信,则民易犯法,不可使令。交友不信,则离散郁怨,不能相亲。百工不信,则器械苦伪,丹漆染色不贞。"(《吕氏春秋·贵信》)君臣间不诚信,百姓就会批评、指责,国家就不会安宁。做官不诚信,年少的就不敬畏年长的,地位尊贵的和地位低贱的就相互轻视;赏罚不诚信,百姓就容易犯法,不可以役使;结交朋友不诚信,就会离散、怨恨,不能相互亲近;各种工匠不诚信,制造的器械就会粗劣、作假,丹、漆等颜料就不纯正。可见,一个社会如果缺少了信,就会产生混乱。

随着社会的发展,信德的要求已经渗透到社会的各个方面,它的作用日益显现。但是,当古老的中国迎来新的生机,传统的信德也面临着新的问题。以乡党为核心的人际关系,逐渐让位于陌生人间的关系,这使得传统信德面临更大的考验。孙中山先生谈到传统中国人的"信"时曾说:"中国人交易,没有什么契约,只要彼此口头说一句话,便有很大的信用。"(孙中山选集[M].北京:人民出版社,1981. 第682页)这说出了古老中国建立在熟人关系上的信德特征。这种靠熟人监督的信德在当今社会中,其弊端日益显现。在口头约定其约束力非常弱时,信德显得更加可贵。

今天，无论是经济生活、文化生活、政治生活，还是家庭生活、社会生活都要求诚信的美德。正是因为诚信在社会中具有重要的地位，从小学生到大学生、从孩子到成人，诚信得到大家的普遍关注。《中小学生守则》要求："诚实守信，言行一致，知错就改，有责任心。"《小学生日常行为规范》和《中学生日常行为规范》都要求中小学生"诚实守信"。针对大学生的《大学生诚信守则》则更加详细地规定了针对大学生的诚信要求。而《公民道德实施纲要》20 个字中有"明礼诚信"的要求，"八荣八耻"中强调"以诚实守信为荣，以见利忘义为耻"。可见，当今社会，信德仍然是一项非常重要的道德要求。

信德作为调节人与人之间关系的道德要求，是一个总括性很强的规范，我们可以通过一些更加具体的要求，来帮助我们做到诚实守信。

第一，信德要求人内心真实无妄，不欺人也不自欺。

信德是用来处理人与人之间关系的道德准则，但这并不意味着信德只是表面上的迎来送往。信德的确立是需要建立在内心真实的基础上，这也就是我们所说的诚实。因此许慎会在《说文解字》中用诚来解释信，《白虎通义》中也说："信者，诚也。"（《白虎通义·情性》）"诚"在中国传统伦理文化中是真心实意、无妄不欺之意。《礼记·大学》云："所谓诚其意者，毋自欺也。"宋朝朱熹注："诚者何？不自欺，不妄之谓也。"所以信德要求人"诚于内"，即内心真诚。

信必须有诚实的心灵做支撑。

诚实的心灵不会恶意去欺骗别人。

在我们的生活中，人们往往为了某种目的而言不由衷，说出跟自己心里想法不一样的话。有的时候善意的谎言是可以原谅的，但出于恶意的说谎是不能够原谅的。很多人认为，说谎是在骗别人，对自己没有伤害。殊不知，有时候，恶意的说谎会给自己带来极大的伤害。大家都知道"狼来了"的故事。那个放羊娃放羊时，觉得十分无聊，就想了个捉弄大家寻开心的主意。这本身就是恶意的。第一次他向着山下的农夫们喊："狼来了！狼来了！救命啊！"大家相信他，来帮助他。第二次他喊"狼来了"，农夫们也来帮助他。三番五次，他的恶意欺骗使得大家失去了对他的信任。当狼真的来了时，再也没有人理睬他、帮助他，他的羊被狼吃掉了。这个寓言告诉我们，要以诚实的内心来对待别人。

诚实的心灵也是对自己负责的心灵，这就是我们所说的不自欺。

不自欺就是对自己有清醒的认识，不欺骗自己，对自己负责。人们往往只注意不欺骗别人的一面，而忽视了不自欺的重要性。其实人真正能认清自己是很难的，真正能按照自己的心意去做也是很难的。但是无论如何，人需要清楚地了解自己。人们往往因为不愿意认清自己而自欺，其实这是想要逃避真实的自己。有一个学生，每次考试都考不好。他总是说，这次是因为马虎，其实我都会。知道了正确答案再做题当然会认为自己会了。他从不正视自己的问题，当然他也永远不会取得好成绩。

第二，信德要求人言行一致，信守诺言。

语言出于诚实的内心更有实现的可能，诺言落实于切实的行动才是真正的诺言。信德要求人"诚于内"，更要求人"信于外"，所以信德除了要求人言自心出、心口一致，更要求人言行一致，信守诺言。墨子说过："言必信，行必果，使言行之合，犹合符节也，无言而不行也。"（《墨子·兼爱》）

中国古代有个一诺千金的典故：楚国有个叫季布的人，只要是他答应过的事情，无论有多大困难，都设法办到，受到大家的赞扬，于是民间就有了"得黄金百斤，不如得季布一诺"的说法，这就是"一诺千金"的来历。可见守信是多么可贵的事。如果一个人轻诺寡言，自食其言，会怎么样呢？古人说"口惠而实不至，怨灾及其身"（《礼记·表记》），嘴上抹了蜜似的答应给别人好处，但实际做不到或不去做，灾难就会降临。

理想的状态下，言和行应该是一致的，但事情总是说起来容易做起来难，这就更显得信守诺言难能可贵。所以，古人会把信守诺言的人看作是品德高尚的君子，所谓"君子一言，驷马难追"。君子说出的话一定会兑现，不管守信的过程有多么艰难，君子都会去完成。战国时期，有一次魏文侯与一个小官吏约定一起打猎，到了约定的那一天，天下大雨，大臣们都劝他不要去赴约了，可是魏文侯还是冒雨履约。大家知道了这件事后，更加信服他了。这就是品德高尚的君子做事的方式。

第三，信德要求人许诺从道，信近乎义。

不是所有的许诺都要兑现，不是所有的诺言都要遵守。《论语·

信

学而》中记载孔子的弟子有子的一句话："信近于义,言可复也。"意思是说,所守的约定符合义,说的话就能够兑现。也就是说,信德要求所守的信必须符合义。孔子也说过:"言必行,行必果,硁硁然,小人哉。"(《论语·子路》)意思是说,一个人说话一定要守信,做事一定有结果,这是浅薄固执的小人。为什么言出必行的人会是小人呢?孟子给予了我们这样的解释:"大人者,言不必信,行不必果,唯义所在。"(《孟子·离娄章句下》)古人还强调:"信之所以为信者,道也;信不从道,何以为信?"(《春秋谷梁传·僖公二十二年》)原来诚实守信所要履行的诺言不是所有的诺言,而是那些符合道义的诺言。也就是说,诺言的内容必须符合道义。这有两方面的要求,一方面是针对许诺而言的,信德要求许诺者提出的诺言须符合道义;另一方面的要求是针对履诺而言的,信德要求对不道义的诺言应该拒绝履行。

信德要求言出由衷,必须真实,而这个真实的诺言不仅仅是要符合个人的想法,而且要符合道理,甚至要符合天理。古人曾经说过:"诚者,天之道也。"(《孟子·离娄上》)天道就是真诚。春天万物生长,预示新的希望;秋天果实成熟,提醒收藏防寒,自然不会欺骗人类。人许诺时也应该像天一样,符合道理。两个小偷之间商量好到某个地方碰头偷东西,这样的约定不必信守。如果在许下诺言的时候不了解情况,或者被人欺骗,当知道自己和别人约定了一件不符合道义的事情,这时候就应该拒绝信守诺言。你答应了一个好朋友要帮他的忙,但后来发现要帮他干坏事,这时候就不能只想着守信,而违反了道义。可见,并不是所有的诺言都要信守,也不是所有的约定都得履行。守信的时候要想一下，所守之信是否符合道义的要求。

第四，信德要求人诚实守信，见利思义。

诺言和约定必须符合道义，但并不是符合道义的诺言和约定都能得到实现。影响诺言实现的最大因素是个人眼前的物质利益。很多人正是由于贪图利益而自食其言，成了不诚信的人。因此信德特别强调要诚实守信，见利思义，不为眼前的物质利益或者个人私利而违背了诚信，伤害了自己长远的利益或者他人和公共的利益。

有这样一则寓言故事：一位国王没有子女，想从全国的小孩里选一个做王位继承人。于是他颁布了一道非常奇特的命令：发给全国每个小孩一粒种子，半年之后，谁的花最美谁就继承王位。半年后，小孩们都捧着最美的花来见国王，只有一个孩子捧着一个只装着土的花盆。后来这个没种出鲜花的孩子继承了王位，因为国王发下去的种子全是煮过的！

孩子们都想成为王位的继承人，这确实非常诱惑人。但并不是说，为了得到这个有诱惑力的王位可以不顾信义。寓言告诉我们，诚信的人不会见利忘义最终反倒能得到利。相反，那些为了利益而弄虚作假的人反倒弄巧成拙。这个道理在我们社会中同样有效：商人做买卖缺斤少两，看似得到了眼前的利益，但终究树不起真正的品牌；干部弄虚作假，看似风光无限，但毕竟创不出真的政绩；学生考试作弊，可能会一两次得到好成绩，但肯定学不到真本事。我们要以诚实守信为荣，以见利忘义为耻，这不是什么高尚得难以做到的高标准，而是人人可以保证自己取得成功的法宝。

当代信德实践中的问题

信德对于我们的社会而言是非常重要的，一个人为人处世、建德立业都离不开诚信。诚实守信、不说谎、不作弊、不骗人，这些是对人的基本要求。但是，这并不意味着在所有的情况下都要求人必须说实话，也不意味着所有说谎的行为都是不道德的。这是我们在实践信德的时候应该特别注意辨别的。

第一，出于良好意愿的谎言是应该肯定的。

出于良好意愿的谎言又被称为"善良的谎言"，在英语中被称为"white lie"。善良的谎言尽管有违于诚信的道德原则，但是由于它好的效果明显而应该得到肯定。如医生从病人的切身利益考虑，可以适当说谎。一个患了不治之症的人，其心理承受能力常常是极其脆弱的。医生在没有医疗手段可以使病人康复的情况之下，尽可能地延长病人的生命，尽可能地使病人在生命的最后阶段拥有更多的快乐，这是医生的责任。如果一个医生不顾病人的感受，如实地把病人得了不治之症的信息告诉他，就有可能加重病人的精神负担，使病人在生命的最后阶段更加痛苦，还有可能使病人过早地结束生命。相反，医生应该为病人着想，从病人的实际出发，从病人的承受能力出发，分场合、分程度、讲策略、有选择地把病情告诉患者。有时候，虽然讲一些与事实相违背的谎言，但对于病人克服疾病能起到帮助作用。特别是对于患有严重心理疾病的患者，医生为了治愈病人，常常采取十分灵活

15

的谈话策略。这种行为虽然有悖于诚实的道德要求,却是出自医者的仁爱慈悲之心,是应该肯定的。

第二,诚信的行为不能威胁到自己的生命和安全。

历史上有一个众所周知的"尾生为信而溺"的故事:一个叫尾生的人与一女子约会于桥梁之下,他等了很久那个女子还没有来。后来河水暴涨,尾生守信不离开,结果抱着大桥的梁柱溺水而亡。尾生与女子约会,对方届时未到,尾生苦苦守候,可谓讲信用的人。但是,河水暴涨,人已无法在桥下驻足,稍有头脑的人都会赶快离开。尾生拘泥于信而不肯离开,结果只有死路一条。为了守约而搭上一条生命,这种做法很不明智。我们要成为一个诚信的人,但诚信不仅仅是让我们拘泥于说真话。在生命和安全可能遭到威胁的情况下,我们不仅要诚信,更要机智。

通常对于陌生人,一般而言我们要友好对待,如果他需要帮助,我们应在力所能及的范围内帮助他们。这个力所能及的范围最基本的要求是对自己没有伤害,而不是自己能力范围内的事情都要去做。例如,如果有陌生人没带钥匙,需要帮忙从窗户跳进屋里开门,这时候力所能及的帮助是帮忙打110找警察、找大人,而不是真的跳进窗户。因为一则有可能这个人是小偷,那不是他自己的家;二则有可能他是坏人,想绑架儿童。还有一些陌生人会问家里的详细情况,这个时候没必要诚实,不回答是最好的方式。

第三,私人之间的诚信不能伤害到公共利益。

在社会生活中,人际关系总有亲疏之别,同情、爱护、偏向亲者,是人之常情的自然倾向。很自然,人们对于亲者近者总是给予

较多的关爱，对于公共利益常常不如对个人或私人圈的利益看得亲切，这无可厚非。但是对亲人的关切不能损害到公共的利益，这是道德的底线。在诚信问题上，我们要分辨公与私、个人利益和集体利益，注意不能为了个人间的诚信而违反了国家的法律和制度规定。

诚信是分档次、分大小的。一个人既是一个处在亲人朋友关系圈中的人，也是一个团体的成员，一个社会人。当一个人在一个团体中生活时，他有对整个团体诚信的义务。这时候就不能为了朋友或兄弟而损害了团体的利益。一个老师的责任是教育学生，他应该公正地对待每一个学生，如果有一个学生与这个老师有特殊的私人关系——比方说，是老师的侄子，这个老师不能为了照顾亲属而伤害到其他的学生。他必须跳出私人交往的感情，对所有学生负责，对所有学生讲诚信，这才是老师的本分。相反，如果他为了私人的信义而抛弃对所有学生的信义，那就背弃了自己的岗位责任，就是以小信伤害了大信，以私信伤害了公信。

第四，为了鼓励人上进或为了维护别人的尊严，讲一点儿"谎言"有时很有必要。

人在成长过程之中，总是会遭遇这样或那样的挫折，总是在某些场合会畏首畏尾、裹足不前。这时候，特别需要人们的帮助和鼓励。年轻的妈妈对于自己刚刚学步的幼儿，总是大加鼓励："宝贝，真勇敢！再往前走两步！""歌儿唱得真好听！再来一首。"在学校里，教师对于腼腆的孩子总是多加鼓励，当他终于肯站起来在课堂上提问或回答老师的问题时，尽管他可能比班里优秀的孩子差得很远,老师仍然会大加表扬。受鼓励和表扬的行为可能非常平常,表扬和鼓励的话语也可能言过其实,认真地追究起来,可能多少带有"谎言"的成分,但是它对于鼓励人的成长和进步所起的作用往往会是十分巨大的。因此,这样的言行不应受到"不诚信"的道德谴责。

"金无足赤,人无完人",每个人总有些小缺点和小错误,但人有尊严,谁也不想自己的缺点和错误在大众的场合被屡屡提及。因此,在某些场合,不说甚至"掩盖"他人的缺点和错误虽然不诚信,但体现了尊重人的美德。人不同于其他动物,生活不仅仅是为了活着而活着,还应当是有尊严地活着。在日常生活交往之中,人们彼此之间都应该时刻想着对他人友爱和尊重。比如在某些场合,如果对于一些不相干的人说出某人曾经做过某种不良行为,这可能在客观上符合事实,但是它伤害了某人的尊严和名誉,对于某人以后的生活和工作都带来了不良的影响。与此相反,在谈及别人时,不随便讲其过失,为维护别人的名誉和尊严,不知说不知,知也说不知,这是好的行为。

第五,在某些生活琐事上是不必过分讲诚信的。

人类的语言是很灵活的,日常交往中尤其如此。一些见面打招呼的礼貌性用语,其目的不在于追求问题的确切答案,而只是为了联络感情。这个时候如果非常认真诚实地回答"问题",可能就会闹出笑话。例如,人们互相见面时喜欢问:"你好!"这是个礼貌的招呼,如果"你"很认真地回答他什么地方好,什么地方比较好,什么地方不太好,什么地方很糟糕,估计以后谁见了"你"都会绕道走的。中国人见面打招呼喜欢问："吃了吗？"其实打招呼的人并不想知道你到底吃饭了没有，更不想在你没有吃饭的情况下请你去吃一顿。偏偏较真地回答"吃了"或"没吃"，或者纠结于问的是早饭还是晚饭，都是没必要的。即使你没有吃饭，随便说一句"吃了"或"还没吃"都是可以的。一个人如果凡事都把诚信讲到底，会显得迂腐不堪。

当然，以上所说的五种情况都是特殊情况。特殊问题，特殊处理。所以在大仁大义和真心善意的前提，诚实守信的要求在某些情况下可以灵活处理。但灵活也是有一定限度的，太"灵活"了人就会变得"油滑"，太"灵活"了容易违背原则。所以，做一个善良的人，诚信的人是最基本的，在此之上，我们要做一个聪明而有智慧的人。

信

第二辑 菁华篇

JINGHUAPIAN

信

《左传》尝载古人之言:"大上有立德,其次有立功,其次有立言,虽久不废,此之谓不朽。""立言"为不朽之一,而立道德之言尤为可贵。言者,心之声。道德之言,乃有德者之心声,故而尤其值得珍视。中国作为一个礼义之邦、文明古国,历代不乏高贤大德,而他们都有自己的道德体悟之语。本辑所选是古今道德箴言的菁华。这些箴言名句,是古今高贤大德人生经验的凝结,是他们纯洁、高尚心灵的流露。这些箴言名句,可以朗读,可以背诵,可以欣赏,可以怡情,可以励志,可以开慧,可以大心,可以成德。

背诵部分

弃信背邻,患孰恤①之。无信患作,失援②必毙。

——《左传·僖公十四年》

注 释

①恤:体恤,同情。

②援:帮助。

解 读

这句话的意思是说,如果丧失了信用,背弃了邻国,自己遇到祸患时有谁会同情自己?失去了信用,一旦祸患发生,没有人来支援,必定会灭亡。可见,重诺守信是十分重要的。

信

布帛^①精粗不中数，幅广狭不中量，不鬻^②于市。

——《礼记·王制》

注 释

①帛(bó)：丝织品的总称。

②鬻(yù)：卖。

解 读

　　所制作的布匹和丝织品，其精细程度达不到要求，布幅尺寸达不到要求，是不能拿到市场上去卖的。从道理上讲，产品质量合格了，才能进入市场流通。质量不合格而进入流通领域，就是以次充好，这在中国很古老的市场上也是不被允许的。

久不相见,闻流言①不信。

——《礼记·儒行》

注 释

①流言:广为流传而无根据或来源的说法。

解 读

就算大家很久没见,当听到有关朋友的谣言,彼此仍能互相信任。人们常被流言所左右,一句假话,说得多了就很容易被人当真。"三人成虎"说的是同样的道理。但真正的朋友相互了解,因而相互信任,听到流言能够根据自己对朋友的了解选择信任朋友。这其实非常难。从另一面也说明友情的坚实笃厚。

信

君子进①德修业。忠信，所以进德也。修辞②立其诚，所以居业也。

——《周易·乾·九三爻·文言》

注 释

①进：增进。

②辞：说话。

解 读

君子要增进德行，建立功业。讲求忠信，所以增进德行。说话、立论，以诚信为本，用以积功立业。诚生德业，诚信是事业成功的法宝。

26

信，国之宝也，民之所庇①也。

——《管子·枢言》

注 释

①庇：庇护，保护。

解 读

信，是国家最宝贵的财富，也是老百姓赖以受到庇护的品德。古人认为信是立国之本，是国家最珍贵的宝藏。因为君主和百姓间的信任是国家各项事业得以顺利开展的保证。国家富强了，社会安定了，百姓的利益就得到了保护。

信

信不足①焉，有不信焉。

——《道德经·第十七章》

注 释

①足：足够。

解 读

统治者的信用不够，人民就不会相信他。对国家治理来说，政府的信用是非常重要的。政府失信于民，后果不堪设想。

信言①不美，美言②不信。

——《道德经·八十一章》

注 释

①信言：真话，信实的言语。

②美言：华美之言，美妙动听的话。

解 读

此句的大意是：真实的话往往不好听，好听的话往往不真实。诚实的话虽然对人有益处，但往往因为直指人的痛楚，而不为人所乐于接受。虚情假意的人往往另有目的，所以总会挑选听者喜欢的词语，投其所好。这就提醒我们：听到美言要加倍小心，不要被美言迷惑；听到不好听的话要认真反省，从中受益。

信

有子①曰：信近于义，言可复②也。

——《论语·学而》

①有子：名若，字子有，孔子弟子中的"七十二贤人"之一。
②复：实行。

解 读

孔子的弟子子有说：说出的话应该接近义才可以实行。这就要求，许诺言的时候，要考虑所说的话、所行的事是否符合道义的要求。不符合道义的诺言哪怕遵守了，也不能称为信。

子以四教，文①、行②、忠③、信④。

——《论语·述而》

①文：文献、古籍等。

②行：德行。

③忠：尽己之谓忠，对人尽心竭力的意思。

④信：信实。

孔子教弟子四个方面的内容：文、行、忠、信。孔子教给弟子的东西应该很多，信被排在"四个方面"之一，可见孔子对它的重视。

信

信信,信也;疑疑,亦信①也。

——《荀子·非十二子》

注 释

①四个信有三种意思。第一个信是动词,相信;第二个信是名词,可信的东西;第三和第四个信是名词,信德。

解 读

相信可信的,是信德的要求;怀疑可疑的,也是信德的要求。信德不是要求我们相信所有的东西。信德要求我们自己动脑,去辨别什么是真的,什么是假的。相信真的,怀疑假的,才是真正的信。

小信成则大信立，故明主积①于信。

——《韩非子·外储说左上》

注 释

①积：积累。

解 读

明智的君主治理国家，必须从小事守信开始，积累下来，大事上也可得到民众的信任。为政者要得到百姓的信任还是比较难的，无怪乎商鞅立木要一再增加赏金的数量。虽然比较难，但并非不可为。可为的方法只有一个，从小处取信于民。小事办好了，慢慢的，在大事上也会得到民众的信任和支持。如此一来，君主做什么事情都很容易了。

信

以信接①人，天下信之；不以信接人，妻子②疑之。

——杨泉《物理论》

注 释

①接：交往。

②妻子：妻子和孩子。

解 读

与人交往讲诚信，天下的人都信任你；与人交往不讲诚信，就连自己的妻子和孩子都怀疑你。诚信可以使陌生人结交成好朋友，不诚信就连最亲近的人也会疏远。可见诚信是人与人交往的基本法则。

丹穴之山，其状如鸡，五采而文，名曰凤皇^①。首文曰德，翼文曰义，背文曰礼，膺^②文曰仁，腹文曰信。是鸟也，饮食自然，自歌自舞，见者天下安宁。

——《山海经·南山经》

注释

①凤皇：即凤凰，古代传说中的一种圣兽。

②膺(yīng)：胸。

解读

丹穴山中有一种鸟，形状像鸡，浑身披着五彩缤纷的羽毛，名字叫凤凰。它头上的花纹成"德"字形，翅膀上的花纹是"义"字形，背部的花纹是"礼"字形，胸部的花纹是"仁"字形，腹部的花纹是"信"字形。这种鸟是吉祥的象征，它一出现，天下就会和平安宁。《山海经》是一部记载中国古代神话传说的书，其中包含着人们对自然社会道理的思考。作为一种吉祥鸟，凤凰身上的花纹解释了人类社会和谐的基本原则：德、义、礼、仁、信。这与后来的五常之说只差一个字，可见人类社会的最基本的美德是古今通用的。其中，信就是古今通用的美德。

信

人之所以为人者，言也。人而不能言，何以为人？言之所以为言者，信也。言而不信，何以为言？信之所以为信者，道①也。信而不道，何以为信？

——《春秋谷梁传·僖公二十二年》

注 释

①道：法则，道理。

解 读

这句话是说，人之为人的标志，在于人能说话表达自己的想法。人如果不能说话，怎么能算人呢？言之为言的标志，在于言而有信。说出的话却不信守，怎么能称为言呢？信之所以为信的标志，在于能够遵从道。讲信而不遵从道，怎么能称为信呢？语言是人类的标志，但并不是说，人只满足于能发声说话。人要为自己说出来的话负责，这个"负责"有两方面的要求：一是说出来的话要守信，不能食言；二是，不能乱许诺，诺言要符合道义。

非诚贾①不得食②于贾，非诚工不得食于工，非诚农不得食于农，非信士不得立于朝。

——《管子·乘马》

注 释

①贾：商人，从商。

②食：以……谋生。

解 读

不诚信的商人不能以商谋生，不诚信的工匠不能以工匠谋生，不诚信的农民不能以农谋生，不诚信的读书人不能辅佐朝政。只有以诚实守信的态度来对待自己的工作，方可事业有成。

信

言必信，行必果，使言行之合，犹合符节①也，无言而不行也。

——《墨子·兼爱》

注 释

①符节：中国古代朝廷传达命令、征调兵将以及用于各项事务的一种凭证，用金、铜、玉、角、竹、木、铅等不同材料制成。用时双方各执一半，合之以验真假，如兵符、虎符等。

解 读

出言必定守信用，行为必定要果断，使言行一致就像符节相合一样，没有出言而不实行的。墨子强调言行一致，一言既出，驷马难追。

天下难事,必作于易;天下大事,必作于细。是以圣人终不为大,故能成其大。夫轻诺必寡①信,多易必多难。是以圣人犹难之,故终无难矣。

——《道德经·第六十三章》

注 释

①寡:少。

解 读

　　天下的难事都是从容易的地方发展起来的,天下的大事都是从细小的地方一步步形成的。因此圣人始终不自大,所以能够成就大的功业。轻易许诺肯定难以兑现,把事看得太容易肯定会遇到太多的困难。因此圣人要把它看得困难一些,所以最终不会遇到困难。轻诺寡信是因为没有看到做事情的困难而轻易地许下诺言,圣人不会这样。他们宁可把困难设想得更大些。

信

道①千乘②之国，敬事而信，节用而爱人，使民以时。

——《论语·学而》

注　释

①道：治理。

②乘(shèng)：兵车单位，古代以四马一车为一乘，配若干兵。千乘表明军车多，代指诸侯国。

解　读

这里是孔子讲治国方法，当然不只是治理拥有一千辆战车的诸侯国如此，大国小国都应该如此。这个"道"是什么呢？慎重地做事，讲信用，节省财力，爱护人民，不在农忙时役使人民。治理国家，君主是要讲信用的，"君无戏言"。君主如能对老百姓讲诚信，没有欺骗之心，国家就肯定能治理好。

子曰:人而无信,不知其可也。大车无輗①,小车无軏②,其何以行之哉?

——《论语·为政》

注释

①輗(ní):古代大车车辕前面横木两端的木销,没有了它们,车就无法行驶。

②軏(yuè):古代小车车辕前面横木两端的木销,没有了它们,就无法行驶。

解读

孔子说:一个人如果没有信用,不知道那怎么可以。就像大车没有安放横木的輗,小车没有安放横木的軏,如何能走呢?对于没有信用的人,孔子感叹:不知他怎么做人!今天好多人似乎并不担心这一点。其实,天长日久,谁也不是傻子,没有信用的人迟早会被大家抛弃的。

信

君子信而后劳其民,未信,则以为厉①己也。信而后谏,未信,则有为谤②己也。

——《论语·子张》

注 释

①厉:虐待。

②谤:诽谤。

解 读

这句话是孔子的学生子夏所说,告诉我们上下级之间、官民之间的关系中,"信"是非常关键的。君子对在下的人提出要求,这虽然对老百姓有好处,但好处往往不是现成可见的,如果没有彼此的信任支持,老百姓不会认为君子是在为他们谋福利,而是在伤害他们。君子对在上的人进谏,其言虽然有利于国家社稷,但往往其言不为人乐意听从,如果没有两人间的信任,在上者不仅不会接受劝谏,反而认为进谏的人是在诽谤他。可见信任对于事情的推进非常重要。

庸①言必信之,庸行必慎之,畏法流俗,而不敢以以其所独甚,若是,则可谓悫②士矣。言无常信,行无常贞③,惟利所在,无所不倾,若是则可谓小人矣。

——《荀子·不苟》

注 释

①庸:平常。

②悫(què):诚实,谨慎。

③贞:真诚。

解 读

人生在世可能没有一个人没有说过谎,但一次两次偶尔的不得已的说谎还是可以得到原谅的。但如果一个人说话经常没有诚信,办事经常没有常规,哪里有利益,就往哪里靠,这样的人,就是小人了。小人就是品行不高的人。没有诚信,见利忘义的人,肯定是小人。但如果说一句平常的话也一定老老实实,做一件平常的事也一定小心谨慎,不敢效法流行的习俗,也不敢干他个人特别爱好的事,像这样的人虽然不能称为小人,但也只能称为拘谨老实的人,还不是品德高尚的人。

信

古者禹①汤②本义务信而天下大治，桀③纣④弃义背信而天下大乱。故为人上者，必将慎礼义、务忠信，然后可，此君人者之大本也。

——《荀子·强国》

注释

①禹：夏代的第一个君主，他曾经治过洪水造福天下而被推举为王，尊称为大禹。

②汤：商朝的建立者，又称武汤、武王，被看做是贤君圣王。

③桀：夏朝最后一个国王，中国历史上有名的暴虐、荒淫的国君之一。

④纣：中国商代最后一位君主。中国历史上有名的暴君。

解读

古代圣王禹、汤，循义讲信而天下大治；暴君桀、纣，弃义背信而天下大乱。所以，作为国君一定要慎礼义、讲忠信，然后才能治国。这是为君者最根本、最重要的事情。这是荀子以古代圣王和著名暴君为例，说明信义对治国而言的必要性。禹汤均是一个朝代的开端，而桀纣相应的是该朝代的结束，荀子探寻这二者之间的差别，结果发现信义是根本。这对今天的为政者也应该有启发的意义。

君臣不信,则百姓诽谤,社稷①不宁。处官不信,则少不畏长,贵贱相轻。赏罚不信,则民易犯法,不可使令。交友不信,则离散郁怨,不能相亲。百工不信,则器械苦伪,丹漆染色不贞②。

——《吕氏春秋·贵信》

注释

①社稷:国家。
②贞:纯正。

解读

君臣不诚信,那么百姓就会批评指责,国家就不会安宁;做官不诚信,那么年少的就不敬畏年长的,地位尊贵的和地位低贱的就相互轻视;赏罚不诚信,那么百姓就容易犯法,不可以役使;结交朋友不诚信,那么就会离散怨恨,不能相互亲近;各种工匠不诚信,那么制造器械就会粗劣作假,丹、漆等颜料就不纯正。这是对整个社会失信后的严重后果进行的描述。从君主到百工,没有了诚信,后果都很严重。可见,一个社会如果缺少了信,就会产生混乱。

信

弓先调而后求劲,马先驯①而后求良,人先信而后求能。

——刘安《淮南子·说林训》

注 释

①驯:驯服。

解 读

弓要先调整使它能够有力量,马要先驯服然后把好马的优势发挥出来,人应当先看他是否讲信用,然后再论及他的能力如何。这说明诚信的品格比起能力来更受到人们的重视。

夫信者，人之大宝也。国保于民，民保于信。非信无以使民，非民无以守国。是故古之王者不欺①四海，霸者不欺四邻。善为国者，不欺其民；善为家者，不欺其亲。

——司马光《资治通鉴·卷二》

注释

①欺：欺骗。

解读

"信"是人的珍宝，因为国君没有信就不能使民，失去民心则不能守国。所以古代圣王不欺骗四海，霸道的人也不会欺骗邻居。那是因为他们懂得这个道理。所以善于治理国家的人，不欺骗他的人民；善于管理家庭的人，不欺骗他的亲人。可见，信在治国齐家方面的重要性。

信

君子宁言之不顾①,不规矩于非义之信。

——张载《正蒙·有德》

①顾:注意,顾及。

解 读

  品德高尚的人宁可不遵守自己已经说过的话,也不要把自己限定在不符合道义的信用中。这就是说,君子判断什么事情应该做,什么事情不应该做的标准,不是单纯地遵守诺言,而是有更高的道义。如果是符合道义的诺言,必须遵守;如果诺言不符合道义,不必为是否守信而游移不定。

48

信者，无伪①而已。

——程颢、程颐《河南程氏遗书·卷一》

注 释

①伪：假。

解 读

所谓"信"，就是无伪罢了。无伪就是真实。所以，信并非什么深奥的东西，只要把真实的一面展现出来就可以了。

信

有所许诺,纤毫①必偿;有所期约,时刻不易②。

——袁采《袁氏世范·处己》

注 释

①纤毫:比喻极少。

②易:改变。

解 读

　　只要是许过的诺言,再小也得兑现;只要是约定过的,时间就不能更改。答应别人的事情首先要抱着一定办到的态度去做。

人而信,则至诚无妄,见之于伦,朋友信也。配德于天地之太极,是谓理肖①。

——《颜元集·人论》

注 释

①肖:像。

解 读

人的信德表现为真诚,用在人伦上,就是朋友有信。信德能配于天地之理, 就被称做酷似天地之理。古人常把诚提到天道的高度,颜元认为信也是如此。朋友之信也是天道的表现,它要求人与人之间以诚相待,不虚伪,不欺诈。

信

人即不宜对此崇严无妄之事实，有所自欺以欺人，无论谁某，均宜以纯正之精神，真诚之性态，以为其所当为，所可为，所能为。

——李大钊《政论家与政治家》

解读

人们对于事实，应该持有严肃甚至崇敬的态度，不能欺骗他人，也不能欺骗自己。无论什么人，都应该以纯正的精神真诚待人，做应该做的、可以做的和能够做的事情。按照事情的本来面目，以真诚的态度做应该做的事情，这其实也是普通人需要做到的。

信

第三辑 范例篇

FANLIPIAN

信

　　鲁迅先生曾在《中国人失掉自信力了吗》一文中说过:"我们从古以来,就有埋头苦干的人,有拼命硬干的人,有为民请命的人,有舍身求法的人……虽是等于为帝王将相作家谱的所谓'正史',也往往掩不住他们的光耀,这就是中国的脊梁。"本辑所选正是作为中国人道德"脊梁"的行为故事。他们以自己的实际行动诠释了什么是道德上的崇高。这些故事不过是古往今来具有高尚道德情操的中国人的行为范例之冰山一角。虽然他们的行为有其时代的烙印和局限,但正因其为后人"立德",故而获得了不朽的意义。

晏殊复试

自古以来,中国就十分重视考试。考试是对人的知识才能进行考查测验的方式。通过考试,能够知道被试者在某方面的知识和能力如何,进而对其考试水平给出大致判断和评价。因此,考试的结果好坏不仅能够决定是否得到巨大的现实利益,而且可能会影响人生的走向。为此,千百年来无数人前赴后继应试参考,争功名、争分数、争成绩。许多人为了获得好的考试结果而不择手段地去作弊。但北宋时期的晏殊,考试时不仅不作弊,反在碰到自己曾经练习过的题目时如实相告,其做法显得尤其可贵。

晏殊,字同叔,北宋政治家,文学家,婉约派词人之一。他不但官居极品,而且才气过人。文学史上赫赫有名的范仲淹、欧阳修等宋代大诗人,都曾经是他的学生。

晏殊自幼聪明好学,相传他5岁便能作诗,7岁便能写文章了。因此,他的名气很快在乡里传开,晏殊一时间成为"神童"般的人物了。当时的江南安抚使张知白爱才如命,听说临川有位神童,心里十分好奇,便想一睹其风采。面见晏殊后,张知白大为惊奇,为其才能所倾倒。于是马上上书向朝廷推荐这位"神童",让他去面见皇上。这一年,晏殊才13岁。

次年,在得到朝廷的批准后,年仅14岁的晏殊告别家乡的父老乡亲,向京城出发。当晏殊一行人风尘仆仆地赶到京城时,正好赶上三年一次的科举大考。参加考试的都是从各地选拔上来的千里挑一的人才，他们要在京城一决高低。因为晏殊是作为"神童"被地方官推荐上来面见皇帝的，所以他本可以不参加考试的。但他觉得只有经过考试，才能知道自己到底是不是有真才实学，于是就主动要求参加考试，并获得了皇上的批准。

这可是全国最高规格的考试，而且参试者人数众多，均非等闲之辈。其中既有连考多年、两鬓斑白的老学究，也有风华正茂的俊书生，而晏殊才14岁，是所有参试者当中年纪最小的考生。想到自己要面对这么多实力雄厚的竞争对手，他开始有点儿紧张了，心里也感到不太踏实。但他转念一想："反正自己年纪还小，如果考不好的话，只能说明我的学问确实还不够。那我在以后就更要好好努力了，继续苦读，等自己的学问做好了，我再来参加！所以，这个考试没有什么可怕的！"于是晏殊调整好了自己的心态，耐心地等着自己即将接受的考验。

当考题发下来之时，晏殊认真看后便傻眼了。当然，晏殊傻眼并不是因为自己无从下手，不会答题。他傻眼是因为这个考试题目自己曾经练习过，而且自己当时的那篇文章还受到好几位名师的称赞。他还就这个题目与许多人切磋过。这时候，晏殊心里十分矛盾。该怎么办呢？是按着自己原先的思路再写一遍，还是向考官说明此事？按说，以前的那篇文章也是自己写的，现在通过回忆照搬下来，也算不上是作弊。况且，考官中没有人知道晏殊曾经写过这个题目的文章。但他回过头一想，"可那文章是我在家里写的啊，家里的写作环境与条件要比考场优越得多，又没有紧张的气氛。如果面临真实的考场，说不定我就不会写得这么好，而且这样对其他人也不公平啊。"想到这里，晏殊举手想向考官说明此事。但考场纪律太严，考官对此又不知情，只以为晏殊要耍什么花样。因此，他多次举手，也多次被考官给制止了。他见此行不通，加上时间有限，便将原来的文章稍微修改了一下，交了上去。

几天过后，包括晏殊在内的十几位成绩最好的考生被召到皇宫大殿上，皇上将亲自对他们进行复试。轮到晏殊时，皇上高兴地对他说道："你的文章，朕看过了，没想到你小小年纪，竟有这样好的学问。"但令人出乎意料的是，晏殊却扑通一下跪了下来，直说自己有罪。皇上十分疑惑，便让晏殊把实情说出来。于是，他把自己在考试过程中碰到的事情详细地告诉了皇上，并请求皇上另出一个题目，让他当场重考，以考出真实水平。

一时间，大殿上鸦雀无声。大家你看看我，我看看你，都在心里嘀咕道：这个二愣小伙子，实在是傻到极点了！这种好事，别人做梦都想碰上，他却主动说出来，居然还要重考！

皇上也着实愣了一下，片刻后，皇上突然大笑了起来，并说道："真没有想到，你这孩子年纪轻轻学问好倒罢了，还这样诚实。甚合吾心啊，那朕就成全你！特准你重考一次！"

于是皇上与大臣们商议了一下，便出了一个难度更大的题目，让晏殊当场完成。14岁的晏殊在皇上面前不免紧张，但他想着一定要把自己的真实水平呈现出来。于是他克制着内心的紧张，略作思考后，奋笔疾书，当场写出了文章，交了上去。大家一看，交口称赞。皇上更是十分高兴，当场授予他一个同进士（相当于进士）。出于对晏殊诚实的品质与才华的欣赏，皇上还给他安排了一个官职，任秘书省正事，留秘阁读书深造，让他先锻炼一下，希望他有朝一

日成为国家的栋梁之材。

因为其官位低，薪俸少，晏殊的日子过得其实很清苦。由于当时天下太平，朝廷官员包括馆阁里的大臣在闲暇时都喜欢去郊游或宴饮。按说文人墨客，均好饮酒作赋，晏殊也不例外，他也想同天下文人们交往。但他没有钱，无法参加这些活动。于是他每天办完公事就回家读书，或者与其他一起在京城求学的兄弟们切磋学问。后来，朝廷要选拔一个东宫官员，只要符合学问高、品德好两个条件即可参选。负责选拔的大臣们十分慎重，反复认真筛选，但一直也未定下来。

突然有一天，皇上下了一道圣旨，要任命晏殊为协助太子处理公务的官员。许多大臣不知道晏殊是谁，一打听才知道原来只是一个秘书省的小秘书。众臣都觉得奇怪，皇上为什么要选他呢？原来皇上听说晏殊经常闭门读书，从不吃喝玩乐，又加上他之前在考场上表现出色，便认定他是一位才气与品德并重的人，选这样的人去辅佐太子是再合适不过了。就这样，晏殊当上了东宫官。后来他得知皇上亲自点将的缘由，便自觉惭愧，找机会告诉宋真宗真相："微臣并不是不想和文人们宴饮游乐，而是因为自己家里太穷，没有钱去参加这些活动。如果我有钱的话，我肯定也会去的。臣有愧于皇上的厚爱！"皇上听后深为感动，越发欣赏晏殊的为人！

晏殊的诚实和才华帮助他取得了人生的成功。自此之后，他的官越做越大，名望也越来越高。他在朝为官50多年，最高官至宰相，有"一人之下，万人之上"的地位。晏殊虽多年身居要职，但却始终真诚待人、平易近人、唯贤是举。晏殊的故事告诉我们，诚实是人生通向成功的基础。而诚实，不仅仅是不欺骗他人，更重要的是不欺骗自己。

曾参杀猪

曾参是春秋时期鲁国人士，著名的孔子七十二弟子之一。他博学多才，德行高尚，被尊称为曾子，后世儒家尊其为"宗圣"。"曾子杀彘"是一个家喻户晓的寓言故事，这个故事通俗而深刻地阐明了一个道理：有所承诺，就一定要守信兑现，哪怕是父母与幼小的子女间也应当如此。

一个晴朗的早晨，曾参的妻子梳洗完毕，换上一身干净朴素的蓝布衣，准备去集市给家里置办一些日常用品。曾参的儿子年幼，每次赶集都吵着要跟妈妈一起去。但集市离家又远，妇人家带着小孩赶集也确实不太方便，曾妻不想带他去。于是曾妻趁着儿子不注意，偷偷地走出了门。

谁知道刚出家门没多远，儿子还是哭喊着从后面跟了过来，吵着闹着一定要妈妈带他去集市。看着儿子的这股执拗劲儿，曾妻真不知道该怎么办了。孩子大声哭喊着怪让人心疼的，曾妻没有办法了，只想着能哄他回去就好。曾妻知道儿子喜欢吃肉，就蹲下身来搂着儿子哄他说："好孩子，你乖乖地回家去等着，自己一个人好好玩儿。我买完东西一会儿就回来了。你不是爱吃红烧猪蹄、爱喝猪排汤吗？娘一回来就把猪杀了，做好吃的给你吃。好吗？"小孩子一听有美味可口的肉吃，心里十分高兴，顿时破涕为笑，对着曾妻频频点头，也就不再执意跟着妈妈去集市了。孩子转身向家里跑去，他一边一蹦一跳地挥舞着双手，一边大喊着："哦，哦，有肉吃了咯，有肉吃了咯,哈哈。"看着儿子回家了,曾妻放心地向集市走去。

孩子一整天就待在家里等妈妈回来,连村里的小伙伴找他出去玩儿,他都没有去。

傍晚,孩子远远地望见妈妈提着许多东西回来了。他一下子站了起来,飞奔着跑去迎接,大声喊着:"娘!你终于回来了,我都等你好久了! 快杀猪,快杀猪,我都快馋死了呢。"

曾妻没想到儿子居然一整天都惦记着这事,她想着一会儿跟儿子说说就行了,于是一手提着东西,一手拉着儿子的小手往家里走。曾妻说:"孩儿啊,你知道吗? 一头猪可抵咱家好几个月的粮食呢,咱要是随便就把猪杀了,以后可怎么办呢? 再说,猪现在还小,等过几个月长得大大的,肥肥的,会有更多的肉吃,那时候再杀了吃肉,好不好?"

孩子见妈妈居然一点儿没有要杀猪的意思,还让自己空等了一整天,顿时鼻子一酸,哇的一声就哭了……

曾参听到孩子的哭声,从里屋出来询问发生了什么事。在知道事情的来龙去脉之后,他二话没说,转身回屋拿了一把刀出来。因为曾参平时教儿甚严,曾妻一见这架势,以为曾参要教训孩子,吓得她赶紧把还抽泣着的儿子抱过来。哪知道曾参径直走到了磨刀石那儿去,曾妻不解地问道:"这个时间,你磨刀干吗呢?"

"准备杀猪!"曾子坚定地回答道。孩子狐疑地看了一眼爸爸,又看看妈妈。

原来曾参不是要教训孩子,曾参妻笑了。于是她放开孩子,走到曾参跟前想把刀收起来。"家里才养了这几头猪,又不过年,又不过节的,也没

有赶上什么大事。杀什么杀啊。把刀给我吧,我去做饭。"

曾参不理会妻子,严肃地说道:"你都答应了孩子,说杀猪给他吃,怎么能说话不算话呢!"

曾妻解释道:"我那是因为早上怕带着儿子不方便,哄他回家时说的。这怎么能当真呢?你也真是的。"

曾参听后,厉色正言道:"小孩子是不能随便欺骗的,不能因为他现在年纪小,就随便说说。"但曾参的妻子实在舍不得平白无故地把猪杀掉,就想劝丈夫等猪长大以后再杀也不迟。曾参对妻子解释道:"孩子现在虽小,很多事情都不懂。但他们正处在学习的过程中,时时学习、处处学习,尤其是向自己的父母学习。你今天欺骗了孩子,他就以为每个人说假话是正常的事,将来孩子就会经常说假话,会欺骗你、欺骗别人。你这等于是教他以后去骗人啊,这一次说话不算数,可能明天孩子就会不信任你了,把你的真话也当作是假话不听从。看,这危害有多大呀!你这个做母亲的,能骗孩子这一时,过后他知道自己上当了,以后都不会相信父母的话了。这样一来,以后还怎么把孩子教育好呢。"

孩子站在旁边,似懂非懂地听着父母的对话。曾参妻看了孩子一眼,觉得曾参的话非常有道理,心生惭愧,于是心悦诚服地跟曾参一起把猪杀了。没过多久,曾参妻就为儿子做好了一顿丰盛的晚餐。吃饭时,孩子欢呼地笑道:"爹娘,你们真好!说话算话!"看着孩子的愉快的笑容,曾子夫妇相视一笑,更觉得这次杀猪之举是正确且十分有意义的。这个故事告诉我们:无论是谁,许下的诺言,都应该去遵守。

商鞅立木

"自古皆有死，民无信不立"，这是春秋时期孔子在与弟子子贡谈论为政时说的一句话，意思是：自古以来谁都免不了死亡，但如果人民对政府缺乏信心，国家是站不起来的。诚信不仅是个人也是国家应有的美德，战国时期秦国商鞅实践了这一美德，他赢得了民众的信任，保证了变法的实行。

商鞅是战国时期著名政治家、改革家，法家代表人物。商鞅通过变法改革让秦国成为富裕强大之国，史称商鞅变法。商鞅变法效果很好，但实行之初困难重重，幸好遇到了赏识他的才干并坚持变法的秦孝公。

公元前361年，秦国的新君秦孝公即位。年轻有为的他下决心发奋图强，振兴国家，他委任商鞅进行变法。

在秦孝公的支持下，商鞅准备大干一场。但是，变法就意味着以新的法令来代替旧的法令，要想让新的法令得以实施，必须让老百姓相信，必须按照他商鞅的新法去做。为了建立威信，推进改革，商鞅先叫人在都城的南门竖了一根三丈高的木头，并下了命令："谁能把这根木头扛到北门去的，就赏十金（金是古代货币单位）。"

不一会儿，南门围了一大堆人，大家议论纷纷，大家都不相信这会是真的。因为把木头从城南门搬到北门并不是什么难事，一般人都能做到。如此轻而易举的事能得到如此高的赏赐，就好像天上掉馅饼似的。天下哪有这般好事儿？肯定不可信！大伙儿你瞧我，

我瞧你，就是没有一个肯上去扛木头的。

商鞅知道老百姓还不相信他下的命令，就把赏金提高了五倍，五十金！围观的人群像炸开了锅。这个说：这么多钱啊！我一年也挣不了这么多啊！那个说：肯定是骗人的！把木头搬过去不给钱，耍人玩儿的！还有人说：该不是个大阴谋吧？……大家议论纷纷，跃跃欲试，但很久还是没有人肯挑这个头儿。

俗话说：重赏之下必有勇夫。这么多赏金，到底有人忍不住站了出来，把木头扛在了肩膀。围观的人立马停止了讨论，大家鸦雀无声地盯着他，有替他担心的，有幸灾乐祸的，有惋惜叹气的……扛木头的人也惴惴不安地往北门走，不知道有什么结果在等着他。

在北门等他的是商鞅许诺的五十金！当木头被扛到了北门，商鞅早已命人将五十金送到北门。围观的人群顿时沸腾起来，纷纷为自己的怀疑和胆怯而后悔，同时也对商鞅以及他的变法产生了信心，明白商鞅言出必行。商鞅看到自己的命令已经起了作用，于是把他起草的新法令公布了出去。

新法令颁布一年后，太子触犯了法律。商鞅说："新法令不能顺利实行，就在于上层人士带头违犯。太子是国君的继承人，不能施以刑罚，便将他的老师公子虔处刑，另一个老师公孙贾脸上刺字，以示惩戒。"秦国人听说此事，都自动遵从新法令。新法令施行十年，百姓勇于为国作战，不敢再进行私斗，乡野城镇都得到了治理，秦国出现路不拾遗、山无盗贼的太平景象。

商鞅变法使秦国逐渐强盛起来，为最终统一中国奠定了基础。变法之所以能成功，很大程度上在于商鞅立木赏金这一举动在百姓心中树立起了威信。

破镜重圆

南朝太子舍人徐德言与妻子乐昌公主怕战乱中两人不能相保，于是打破一面铜镜，两人各执其半。后来果然以半块破镜为凭证，两人历尽千辛万苦得以团圆，从而相守终老。后世以"破镜重圆"喻夫妻离散或决裂后重又团聚或和好。

徐德言，当时陈国的大才子，长得一表人才。陈后主下圣旨把乐昌公主许配给了徐德言。婚后两人心心相印、互敬互爱、情义深厚，成为当时人人羡慕的一对神仙眷侣。但是，好景不长，隋朝初年，隋文帝派兵南下，攻打陈国。这时，陈国硝烟四起，战火连天。战乱之中谁也过不了安宁的生活，高贵的公主和驸马也是如此。眼看陈国将亡，面对不可知的命运，徐德言流着泪对妻子乐昌公主说："陈国即将被攻破，这个家也难以保全了。你是公主，国家被攻破之后，一定会被作为俘虏押解到北方去的。以你出众的容貌和才华，肯定会被掳入豪门之家，也许还能继续享受荣华富贵；而我生死难料。倘若老天有眼，不割断我们今世的情缘，你心中仍然爱我，我心里一直有你，也许有朝一日我们还会相见。我们应该留一个信物，以便他日相逢。"

公主听罢，不禁潸然泪下。伤心一阵过后，乐昌公主从自己的梳妆盒里拿出一面铜镜递给丈夫。徐德言将镜子劈成两半，一半给妻子，一半自己小心翼翼地包好，并伤心地与妻子约定："如果哪天，你真的被掳走了。就在明年正月十五那天，将你这半片铜镜拿到街上去卖。如果我还活着的话，一定会在那一天赶到都市，通过铜镜去打听你的消息。镜子重圆之日，也就是我夫妻团圆之时。"

乐昌公主含泪对丈夫点点头，然而，二人的深情阻挡不了隋军攻占陈国的步伐。最终，陈国被隋朝灭亡，战乱中徐德言生死不明，而乐昌公主也被作为俘虏带到了北方。

由于杨素灭陈有功，隋文帝将乐昌公主赐给他做小妾。杨素仰慕乐昌公主的才华，并且乐昌公主长得非常漂亮，因此杨素对她十分宠爱，还专门给她建造了别苑。尽管荣华富贵不减当年，但乐昌公主却始终郁郁寡欢，她心里始终思念着自己的丈夫。

好不容易等到了第二年的正月十五，乐昌公主偷偷地让一个老头儿拿着那半片铜镜沿街叫卖。大家见这个老头儿拿着半块镜子卖，都觉得非常奇怪，就纷纷围了过来。

"老人家，你这个镜子多少钱啊？"

"十锭黄金！"老头儿答道。

"十锭黄金？！就这破镜子？"

"这老头儿疯了吧？

"客官不买，自然会有人来买的！"

围观者哈哈大笑，看哪个蠢蛋会上当！时间久了也没人买，行人纷纷议论着散开了，而老头儿继续叫卖着："卖镜子喽！半片镜子，十锭黄金！此镜只应天上有，人间难得几回闻！"

然而，等了整整一天，仍然没有人来买镜子。老头儿回去汇报给乐昌公主，她一听顿觉十分失落。"明年，肯定会有人来买的！"乐昌公主这样告诉自己。

但是这样年年等待，年年失望，乐昌公主心里空落落的，甚至都快绝望了。

而徐德言当初在战乱之中身负重伤，幸得城中居民悄悄救起，休养许久，才能够勉强行走。伤愈后的他，经多方打听，到处寻觅妻子的下落，但只知道女眷被押解到长安。而妻子在长安什么地方，什么人家，他都一无所知。但徐德言并不气馁，希望虽小，毕竟还有一线生机。想着两人的圆镜之约，他发誓无论付出多少代价一定要找回妻子。作为亡国贵族的他，身无分文，只得在路上走走停停，给人做做家庭教师，挣点薪水再继续前行。他跋山涉水，历尽磨难，终于在又一年的正月十五，来到了长安街头。

身心俱疲的他止不住地兴奋，疾步走在长安街上寻找着卖镜子的店铺。终于他看到一个老头儿举着半块破铜镜在街上大声叫卖着："卖镜子喽，难得的好镜子！"看着那半块镜子，徐德言的心狂跳不已，大步走向前去。双手紧紧地抓着老头儿，生怕他跑了似的，气喘吁吁地说："我买下了！"

"你买得起吗？"老头疑惑地上下打量着徐德言。

其中有一个好心的大婶提醒徐德言："大兄弟，这是个疯老头儿，就这半面破镜子卖了很多年了，还要十锭金元宝。我劝你啊，去旁边那个镜子铺看看吧，几文钱就能买下一面新的。"徐德言一听，知道原来妻子也寻找了他这么多年，顿时鼻子一酸，泪流满面。他唏嘘着说："别说十锭黄金，就是搭上我的性命，我也买下了！"

徐德言请老头儿到旅馆说话，在旅馆里，他拿出自己珍藏的半片镜子，与老头儿手上的镜子果然十分吻合。

老头儿把公主的情况一五一十地告诉了徐德言。徐听后又悲又喜。喜在终于找到了妻子,悲在相见无期。难过之余,他题《破镜诗》一首,托老头儿带给公主,让妻子知晓他的心意。诗云:

镜与人俱去,镜归人未归。

无复嫦娥影,空留明月辉。

乐昌公主看到丈夫题诗,知道丈夫已来。只是高墙相隔,难以相见,于是放声大哭。可是,身为别人的小妾,此时已是身不由己,如何才能见到徐德言呢?公主日思夜想,终日茶不思饭不想。杨素见公主日渐憔悴,询问其中缘由。在他的再三追问下,公主将实情据实相告。没想到,杨素被他们夫妻二人的真情深深打动,并立即召徐德言进府,让他们夫妻二人团聚。

徐德言来到杨素的府邸。看到当年风流倜傥才气过人的丈夫如今两鬓斑白,公主不禁两眼泛起了泪花。而徐德言见到妻子如今已为他人之妾,也不由得感慨万千。乐昌公主见到相思已久的徐德言,自然高兴,但她又怕伤害了杨素。乐昌公主的诗句"今日何迁次,新官对旧官;笑啼俱不敢,方验作人难。"把当时同对新旧丈夫,哭笑不得、左右为难的心情表现得淋漓尽致。杨素听后非常感动,他决定成人之美,把乐昌公主送回给徐德言。由于战乱,徐德言已身无分文,杨素还赠资让二人回归故里养老。府中上下都为徐陈二人破镜重圆和越国公杨素的宽宏大度、成人之美而感叹不已。

夫妻二人携手同归江南故里。这段佳话被四处传颂,所以就有了破镜重圆的典故,一直流传至今。

崔枢还珠

通常人看到很有价值的宝物就会心生喜爱之情，并想方设法得到它。如果是朋友赠送的宝物，君子爱财，取之有道，正当途径获得的，更会欣喜地接收。但这世上就是有人和普通人不一样，得到朋友的馈赠先是推辞，而后不得已收下也不以其为宝，当朋友的家人来寻找，立马送还。这个人就是唐朝的崔枢。

崔枢生活在唐顺宗时期，从小苦读经书，准备得差不多了，就去京城参加考试。在路上，他偶然遇到了一个从东南方过来的外国商人。两人很聊得来，便商议住在同一间客栈，彼此也有个照应。一天，两人闲聊，商人说："好好努力，你这次进京赶考肯定高中！"崔枢答道："如果真的中了，我就请你到京城最好的酒楼吃饭，咱兄弟二人一起逛逛京城。"两人说完相视一笑。两人感情越来越好，就这样在这里住了半年。

没料到快要分别的时候，这个商人觉得身体很不舒服，崔枢赶紧请来了大夫，但是大夫也诊断不出原因，对崔枢说："老夫行医数十年，从来没有遇到过这种病症，或许是我医术浅薄，未得精髓，查不出来病因，实在是没有办法。你们再找找其他人吧。"于是崔枢又请了好几个大夫，但他们都是这样的说法。查不出商人生病的原因，没办法对症下药，商人的病情也就更加严重了，身体越来越虚弱。有一天黄昏，这位商人觉得自己快不行了，至亲的人都不在身边，就把崔枢叫到床前，对他说："这些日子多亏有你一直照顾我，没有把我当外人，更没有因为我来自蛮夷之地而轻视我，我心里非常感谢。我的病看来是治不好了，但想到后事无人料理不免觉得凄凉。按照我们家乡的风俗，我们死后都是要土葬的。我死了之后，兄弟你能不能为我找个风水好点的地方将我埋了？"崔枢说："你我相交一场，是难得的缘分，我不会辜负你的托付。你就放心吧。"商人又说："我有一颗家传宝珠，价值万贯，据说很多人为了得到它愿意赴汤蹈火，这是颗极为珍贵的宝珠。如今我想把它奉送给你，答谢这么长时间你对我的陪伴和照顾，希望你能接受。"崔枢不肯接受，说："照顾你是因为我们之间的情分，也是我应该做的事情，并不是为了钱财或者其他什么东西，这么宝贵的东西你送给我，我受之有愧。"并再三推辞不肯接受。商人说："如今我孤身一人，眼看就要埋骨他乡了，我的亲人也都不在身边，这些日子幸好有你的照顾我才撑到现在，我无以为报，还请兄弟你接受，也作为我们情谊的见证吧。"崔枢只好接过来。

商人很快就去世了，崔枢按照商人的期望和嘱咐，为他办理了后事。看着商人赠与的宝珠，崔枢想："我就要去考取进士了，往后所需自有官府供给，衣食无忧，我要这奇珍异宝又有何用呢？而且我照顾生病的他也是应当的，这么贵重的宝物我实在不能接受啊。"看着四周无人，崔枢将宝珠放进了商人的棺材里，一起葬进坟墓中去了。

一年后，崔枢到了亳州，一边干点儿零活儿，一边继续准备参加考试。那位故去商人的妻子从家乡千里迢迢赶来寻找丈夫。经多方打听，她得知自己的丈夫已经死了，是由崔枢安葬的，猜想宝珠

信

一定在崔枢那里。商人妻子想着那么珍贵的东西，人人都想要，即便自己向崔枢索要，崔枢肯定也不愿意归还，说不定还不承认。于是她直接将崔枢告到官府，说崔枢将她家家传的宝珠据为己有。官府到亳州来提捕崔枢，崔枢了解了情况后说："当初我将宝珠放进了棺材里，如果墓没有被盗的话，宝珠就一定还在。"官府派人挖墓开棺，宝珠果然还在棺材里。商人妻子拿回了自己的宝珠。

事情传开后，人人都对崔枢诚信的节操感到惊讶和敬佩，沛帅王彦更是因为崔枢还珠这件事而想留他做幕僚。崔枢没有答应，他说："宝珠虽然珍贵，但本来就不是属于我的。当日他的亲人都不在身边，我接受他的嘱托，现在完璧归赵，也是理所应当的。这完全是我应该做的，不必夸大，更不愿以此作为手段来获得官位。非常谢谢您的赏识，我还是继续考进士吧。"王彦一听，对崔枢也特别钦佩。当地人听说了崔枢的故事，更加佩服他，并纷纷效仿崔枢的廉洁和诚信。

第二年，崔枢进京赶考，中了进士。他因为诚实守信用被任命为秘书监，负责考选文士，一生享有清廉的美誉。

蔡琳还金

清朝时，苏州吴县有个叫蔡琳的商人，以重承诺、讲信义著称，顾客和朋友都很信任他。有一位朋友寄放在他那里的千两黄金，在没有立字据的情况下，蔡琳仍然一文不少地还给朋友的儿子，这件事一直为人称道。

这位朋友是从外地来苏州做生意的。因为人生地不熟，就来找蔡琳帮忙。蔡琳了解情况后，非常痛快地答应了。有了蔡琳的鼎力相助，这位朋友在苏州的生意很快就红火起来，而且做得越来越大，赚了很多钱。这个时候，有人对蔡琳说："你这个朋友生意做得这么好，离不开你的帮助，其中有你很大的功劳，现在他赚了大钱，你应当向他要一份才对啊！你帮了他那么多，他肯定会给的。"蔡琳说："我帮助朋友是我分内的事情，他初来乍到，我有能力帮他，自然得尽力了。但帮他并不是为了拿好处，况且我这位朋友生意做得好，主要靠的是他自己的努力，我又怎么能向人家要钱呢。"

后来，这位朋友因为家里有急事，要离开苏州回老家一段时间，于是他又一次来找蔡琳。他说："我在这边的生意已经交给手下人打理了，在我没回来的这段时间还得请你多多关照。"蔡琳听了，一口答应下来，说："这是自然的，你放心吧，有我在，不会有事，你就安心地回家去吧。"朋友听了非常感谢。临行前，这位朋友匆匆来到蔡琳家里，并且带来了一千两黄金，说："这些钱我暂时用不上，随身带回去也非常不方便，思来想去还是觉得放在你这里最合适，

信

想请你帮我保管,等我回来之后再取回。"蔡琳欣然答应了。于是,这位朋友便起身离开蔡家,启程返乡了。由于来去匆忙,朋友没来得及给蔡琳写下任何凭据,不过,蔡琳却是认真地把这件事记了下来,并且妥善地把黄金收藏起来。

可是过了很久很久,这位朋友都没有来蔡琳家取回黄金。于是,蔡琳到处托人打听,隔一阵才得到消息,原来这位朋友不久前在家中生病去世了。蔡琳儿子知晓后,便对父亲说:"您的朋友已经死了,寄放在家里的千两黄金就应该归我们所有,反正他们也不知道,无凭无据的,也没有人能找到您头上。"蔡琳听到儿子这么说,很是生气:"你怎么能够这样想,这黄金本来就不是我们家的,怎么能够据为己有!虽然没有凭据,但我们都清楚这不是我们的,是别人寄放在家里的,不把它归还怎么对得起自己的良心!"就这样,蔡琳把儿子训斥了一顿,并教导儿子为人应当诚信的道理。后来,蔡琳的其他朋友也听说了这件事情,纷纷都劝蔡琳说:"他虽然把黄金给了你,但是没立字据,黄金归你是理所当然的。"不管多少人来劝说,蔡琳始终不为所动。

等到朋友的家人来苏州处理后事时,蔡琳派人把朋友的儿子叫到家中,当面把一千两黄金交还给他。可是,朋友的儿子坚决不愿平白无故地接受这千金之资,他说:"叔叔,根本没有寄存黄金这么一回事儿,如果寄存这么多的金子,怎么可能没立个字据呢?况且,家父生前从未对我提起这件事,其他人也不知道有这件事。因此,这些黄金应该不是家父的东西,我是万万不能收的。"蔡琳听了朋友儿子的话,赞叹他非常诚实,诚恳地说:"你很坦承,讲的也是实情。虽然当初我和你父亲未曾立下字据，但那是因为你父亲了解我、信任我，在我心中这字据一直都在。你父亲走了，这千两黄金就应该交还给你，你就接受吧。"朋友的儿子一直推辞不肯接受，蔡琳只得找来知道这件事情的人向他证实。见他们都这么说，朋友的儿子想着应该是真的，当日父亲确实在蔡琳这里寄存了千两黄金，也就收下了。回家前，朋友的儿子特地向蔡琳拜别，恭敬地向蔡琳行礼致谢，并表示今后常来探望。此后，蔡琳还金这件事在苏州成为美谈。

尽管蔡琳是个谋财营利的商人，但他信义分明，分外之财毫厘不取。同样，那位朋友的儿子也是诚实坦荡，不见财起意。两人讲诚信事迹感人至深，对周围的人有很大影响。

信

勤 孝 节 礼 信 义 正 智 谦 友 俭 耻 仁 和 忠 勇

百年同仁堂

　　北京同仁堂是中药行业著名的老字号，这间比美国历史还长107年的百年老店，拥有344年的光辉历史：它由其肇始之祖乐显扬先生创建于清康熙八年（1669年），经过半个多世纪的发展，从雍正元年（1721年）开始，同仁堂便正式供奉清皇宫御药房用药，其间历经八代皇帝，长达188年。同仁堂之所以能屹立不倒，经受住了历史的变革和经济大潮考验，正是因为历代同仁堂人都将诚信视为经营的法宝。

　　在清末八国联军刚刚撤离北京的时候，整个北京城被八国联军焚烧、劫掠得满目疮痍，同仁堂也不例外。就在这时，有一位客人专程来同仁堂寻购一味名叫"紫雪"的名贵中草药。根据当时《同仁堂药目》上的记载，紫雪属于"伤寒门"，主要功能是"疗伤寒一切积热瘟毒，发斑隐疹不透，口燥舌干，热闭神昏，狂言乱语，邪热发黄，瘟疫时气，小儿急热惊痫，并皆治之"。这个紫雪之所以十分名贵，就是因为它的处方非常独特，一般人或者药铺根本无法将紫雪所需的材料全部备齐。在这个处方中，不仅需要滑石、石膏、磁石等矿物药，还需要沉香、元参、犀角、羚羊角、牛黄等贵重的细料。这还不算，它还规定，需要用"黄金百两"。黄金是有药物功能的，在《本草纲目》里就记载："食金，镇精神，坚骨髓，通利五脏邪气。"

　　可是此时的同仁堂刚刚经过八国联军入侵的洗劫，损失巨大，而且曾经专门用来制造紫雪的百两黄金也不知去向，一时间同仁

78

堂里的员工众说纷纭,有人说是被内部人趁乱拿走了,有人说应该是被洋鬼子盗走了。可是,不管怎样,当时百废待兴的同仁堂根本无力再筹集到这么多黄金,但是同仁堂建铺几百年,一直以顾客的要求为上,要尽一切努力保质保量地制作好药来满足病人的需求。该怎么办?

这时,有人向同仁堂的大老板许叶芬建议道:"依我看来,咱们没有黄金百两就算了。其实,市面上有好多药铺在制作紫雪的时候,压根儿就没有用金子。再者说,就算咱们在制作过程中加了黄金,那又有谁知道呢?"

许叶芬一听,脸立刻沉了下来,厉声呵斥道:"你这是安的什么心?!是想要砸同仁堂的牌子吗?!"

仅仅两句话,立刻将当时所有在场的人都给镇住了,大家你看看我,我看看你,然后都低下头去,不敢说一句话。正在气头上的许叶芬大声问那个人说:"你还记得咱们祖上的遗训吗?"

那人头上顿时冒出豆大的汗珠子来,连忙说道:"记得,记得,祖上教导我们,'炮制虽繁必不敢省人工,品味虽贵必不敢减物力'。"

"还有,咱们药行里有句话是怎么说的?"许叶芬仍然板着脸冷冰冰地说道。

"修合无人见,存心有天知。"那人战战兢兢道。

"哼,我还以为你把祖上的教诲都忘了呢!"许叶芬接着说道,"祖上还有话:'古方无不效之理,因修合未工,品味不正故不能应症耳。'这紫雪之所以是同仁堂的名药,人家不远千里、不辞辛苦地来找咱们，就是因为咱们同仁堂在制作药时不敢省人工，不敢减物力，修合必求工，品味必求正，才能蜚声天下。如果因为没有人看到，就不依古法炮制，那还能保证药效吗？岂不是欺神灵，骗鬼神，辱没祖宗，有负天下人吗？你想将我们同仁堂对天下人的诚信和承诺置于何地？！"

那人急忙回话道："您说得对，您说得对。刚才是我一时犯了糊涂，胡说起来了，竟然忘了祖训和我们同仁堂诚信为本的传统，请您不要生气。"

看到那个人不断地当着大家的面承认错误，许叶芬才没有继续训斥他。但是，那一百两黄金到底从哪里找出来呢？许叶芬心里一直在默默地思考着。

过了一会儿，许叶芬的气稍微消了一些，才向守候在一旁的管家发话说道："你快去，把乐家的女眷们都召集到前厅来，我有事要说。"女眷们都知道，家里如果没有大事，一般是不会把她们召集起来的，今天一定有大事要说，可谁都不知道是什么事，所以都不免有些紧张。等到女眷们都陆陆续续地来到前厅之后，许叶芬把详情向大家说了一番，然后问大家，有什么办法能在制造紫雪时加入黄金。女眷们个个面面相觑，谁都拿不出办法来。

这时，许叶芬见状便说道："既然大家都没有好的办法，那我倒是有一个法子，不过……"许叶芬说到这儿却不说了，只是扭过头去轻声吩咐了站在她旁边的丫鬟几句。不一会儿，那个丫鬟拿来了许叶芬的几件金首饰，小心翼翼地把这些首饰摆在当中的一张几案上。这时，女眷们才明白了老夫人的意思，原来老夫人是想让她

们捐出自己的金首饰，以便凑出"黄金百两"来。女眷们也都是知书达理之人，知道这件事关系到同仁堂的药能不能保证质量、能不能坚守诚信为本的传统，关系到同仁堂的命运而且老夫人又带了头，女眷们也就毫不吝啬地纷纷捐出了自己的金首饰。她们有的当场摘下了自己的金耳环，有的轻轻地褪下了自己手上戴的金手镯，有的则是取下了自己的金发簪。这么一来，终于凑出了百两黄金。在随后制作紫雪的过程中，许叶芬一直在旁监制，从而确保了古方紫雪的质量和同仁堂的声誉。

一百两黄金事小，诚信为本的传统事大。同仁堂上下捐黄金制紫雪的佳话一时间在北京城的大街小巷流传开来，人们对同仁堂严谨的制药工艺、对病人坚守诚信和医道的做法纷纷赞扬。"北京同仁堂"这块金字招牌又一次闪闪发光。直到现在，北京大栅栏同仁堂药店的大堂里挂着这样一副对联："同气同声福民济世，仁心仁术医国医人。"这副对联是同仁堂对自己的要求，更是同仁堂坚守诚信和医道的真实写照。

知己与同怀

　　著名画家徐悲鸿先生留下了这样一幅素描：画面上的鲁迅先生身穿深色长裤，坐着，右手夹着香烟，左手搭在椅子的扶手上，手掌下似乎还压着书稿。仍然是我们所熟悉的平头、一字胡，平和的眼神中透着犀利，整个人呈现出刚毅、耿直、坚强不屈的气质。瞿秋白先生站在旁边，穿着白色长裤，脸消瘦，头微微倾斜，右臂弯曲，手里拿着香烟，左手按着一旁的桌子边缘。瞿秋白先生眼神中带着忧郁，斯文的模样中不乏文学家和政治家的风度。两人形象形成鲜明对比，却又非常和谐。

　　鲁迅先生和瞿秋白先生相交时间虽然只有短短几年，却情谊深厚，可惜没有留下他们的合照，徐悲鸿的这幅素描算是弥补了这个遗憾，成为他们情谊的见证。可惜徐悲鸿先生没有完成《鲁迅与瞿秋白》这幅油画便过世了，在上面所描述的素描画中，先生还标注了修改需要注意的事项，没有想到最终没能完成。若按照中国人传统的作画习惯，在这幅作品的空白处要留一句诗文。或许，"人生得一知己足矣，斯世当以同怀视之"这一句最合适。这是出自清代钱塘人何瓦琴集禊帖的联句，1933 年，鲁迅将这一联句亲自抄录，送给了瞿秋白，以纪念两人深刻而真挚的友谊。

　　鲁迅与瞿秋白二人彼此早有所闻，并惺惺相惜，希望有朝一日能够相见相识。这个愿望终于在 1932 年春夏之间的一个上午得以实现。

信

那天早饭后，瞿秋白由冯雪峰陪同，去北川公寓拜访鲁迅。虽然是第一次见面，他们却如同久别重逢的老朋友一样，亲切自然，无拘无束，毫无陌生人之间的矜持与尴尬。他们畅所欲言，从政治谈到文艺，从理论谈到实际，即便是日常生活中的琐事，也谈得津

津有味,妙趣横生。不知不觉,已经到了中午,鲁迅特意准备酒菜,两人边饮边谈,似乎永远有说不完的话,直到夜幕降临,才依依告别。这次见面,使瞿秋白感到振奋,两个人的合作和友谊由此也进入了一个新的阶段。在精神上,两人是知己,志同道合;在感情上,两人是同怀,亲如兄弟。这亲密的友谊一直延续到两人去世。

瞿秋白的生活一度非常艰难,鲁迅知道他不会接受明显的金钱资助,就利用自己的资源尽力帮助他。苏联短篇小说集《一天的工作》,收录作品10篇,其中《岔道夫》和《一天的工作》两篇,就是杨之华译、瞿秋白校定的。当良友公司答应出版,书稿刚送出,稿酬还未付时,鲁迅便从自己当天所得版税中抽出60元给杨之华,以补贴瞿秋白家的生活之用。

当时环境极其恶劣,白色恐怖下的上海,瞿秋白夫妇随时面临被捕的危险。在这最困难的时候,鲁迅给予了瞿秋白最真诚无私的帮助。瞿秋白夫妇曾几次到鲁迅家中避难,鲁迅夫妇置生死于度外,每次都尽力掩护他们。1932年11月下旬的一天,瞿秋白夫妇突然接到警报,说有一个叛徒在盯杨之华的梢,瞿秋白来不及考虑,便立即转移到鲁迅家中暂避。为了鲁迅家的安全,也为了甩掉叛徒,杨之华独自一人在街上转了三天三夜,甩掉了跟踪的叛徒后才来到鲁迅的住所。1933年2月上旬,中共上海中央局得到情报,说国民党特务要在当晚破坏紫霞路一处机关,中央局组织部部长黄文容赶来,要瞿秋白夫妇迅速转移。瞿秋白决定再次到鲁迅家中避难。2月底,黄文容到鲁迅家,又把瞿秋白接到中央局内部交通主任高文华家去住。

这样频繁的流离搬迁,使鲁迅非常担心,他总想替瞿秋白夫妇寻找一处比较安全的住房。3月初,终于找到合适的地方,瞿秋白夫妇搬了进去。鲁迅随后来瞿秋白的新居看望,带来堇花一盆,以作乔迁之贺,并将"人生得一知己足矣,斯世当以同怀视之"写成条幅相赠。一个月后,鲁迅也搬了家,两家在同一条马路上,相距不足10分钟的路程。从此,鲁迅和瞿秋白来往十分方便,几乎每天都可以见面。这一段时间成为瞿秋白一生中最为惬意的时光。两人情谊更加深厚,都非常珍惜这份友情,在瞿秋白身陷囹圄、生死攸关之际,仍常常想起这一段美好的时光。

1935年2月24日,瞿秋白被捕。鲁迅心急如焚,他想发起一个公开的营救活动,但是由于种种原因而未能实现。鲁迅只好走上层路线,想通过蔡元培来进行营救。但后来通过好友许寿裳(当时是蔡元培的秘书),鲁迅知道瞿秋白必死无疑,他感到深深的悲痛。

1935年6月18日,瞿秋白唱着《国际歌》从容走向刑场,牺牲时仅36岁。为了这份友谊,鲁迅不顾自己体弱多病,与茅盾、郑振铎等相商,筹划为瞿秋白出本书。他抱病忍痛,殚精竭虑,负责编辑、校对、成书的全过程。《海上述林》出版时,署名"诸夏怀霜社","诸夏"即是中国,"霜"为秋白的原名,"诸夏怀霜"寓意为中国人民永远怀念瞿秋白。《海上述林》作为鲁迅和瞿秋白的真挚友谊的见证,将永载于中国的文化史册。

珍贵的书稿

"目前的中国,固然是江山破碎,国弊民穷,但谁能断言,中国没有一个光明的前途呢?不,决不会的,我们相信,中国一定有个可赞美的光明前途。……朋友,我相信,到那时,到处都是活跃的创造,到处都是日新月异的进步。欢歌将代替了悲叹,笑脸将代替了哭脸,富裕将代替了贫穷,康健将代替了疾苦,智慧将代替了愚昧,友爱将代替了仇杀,生之快乐将代替了死之悲哀,明媚的花园,将代替了凄凉的荒地!"

可能许多人都知道这段文字出自方志敏烈士的《可爱的中国》,但却很少有人知道我们现在可以读到的这样饱含着对祖国的赤诚热爱的文字,是经过了怎样的艰辛传递才得以重见天日的。很难想象,在方志敏书稿的传递过程中,一位曾任国民党监狱长的囚犯起到了关键性的作用。正是他将书稿带出监狱,中途历尽艰险,最后送到宋庆龄手中。这个囚犯就是胡逸民。

胡逸民是浙江永康人,他早年攻读法律,因受民主革命思想影响,于是誓死追随孙中山。因才华过人,他颇受国民党的器重。1925年,他随蒋介石北伐而名声大震,成了国民政府的显要人物,曾任国民党中央"清党"审判委员会主席,并先后担任南京中央军人监狱等三个监狱的典狱长。

1933年秋,由于国民党内派系斗争,胡逸民成了政治牺牲品,被蒋介石关进了南昌绥靖公署军法处看守所。因为胡逸民原来是中央监狱的典狱长，可以说是看守所的老上级。因此，看守所上上下下都敬他三分，关他的牢房布置得跟书房一样，他不但能在看守所里随便走动，自由进出，还能让外面送吃送喝，甚至让家人进牢房来"玩"个一天半日也是家常便饭。

一天，看守所突然戒备森严。胡逸民心生好奇，一打听才知道方志敏被抓进来了。天性好动不好静的胡逸民就想去看看热闹，哪知道狱卒劝阻道："这个人是只为工人阶级的利益而服务的，我们还是少接触的好！免得给自己惹上什么事！"

胡逸民白了一眼狱卒："我这个人才不管他是什么立场，我听说他是共产党三个省的省主席，这来头可不算小！我倒是愿意去会会他！"

第二天，方志敏被带进来了，并且关在胡逸民的对面。胡逸民热心地跟方志敏打招呼，哪知道方志敏郑重其事地从头到脚打量了胡逸民几遍，却没有搭茬。见方志敏对自己心生疑虑，于是胡逸民主动自我介绍道："我叫永一，从前在'清党'时曾经设法开脱了不少你们的同志！"

方志敏没有料到这么一个悠然自得，视牢房如家的人居然也是一个囚犯。再加上这个"永一"，还曾经救过自己的同志，方志敏顿时对他有了一种好感。从此之后，二人渐渐熟络起来。胡逸民天天与方志敏拉家常，聊世道、聊梦想、聊身世，无话不说。为了方便与方志敏聊天，他甚至要求看守所不要在白天给方志敏的囚室上锁。

一次，胡逸民去找方志敏，见他正伏案写作。他就直接走到方志敏的床边静静地等他，手在掀被子时，他看见床沿上被方志敏用指甲刻出的四个字——"视死如归"。胡逸民不由为之一动，在跟方志敏熟络之后，他一直为方志敏的革命热情而感动，看到这四个字，更加欣赏方志敏了。

那次，胡逸民随手拿起方志敏写的一份稿本，问："志敏，你写些什么文章呢？"

方志敏答："本是想把革命斗争的一些经过认真梳理一遍的，但反正也拿不出去，也就随便写写，打发打发狱中无聊的日子。"

胡逸民一听方志敏是要写关于革命的经验，顿时来了兴趣，因为这样一位有着丰富实践经验的"大人物"必然有许多宝贵的经验和教训值得学习。于是，他激动地说："请你一定要仔细地写，认真地写！不要随便，革命需要你啊！"

方志敏听胡逸民这样说，无奈何地叹了叹气："我何尝不想这样，只可惜，再仔细地写，也没有什么用处。这些手稿只会和我一样，不可能再重见天日的！"

"其余的顾虑你先别管，不一定就真的拿不出去的！如果你相信我的话，这件事我倒是可以替你出力！"听到胡逸民这样说，方志敏好像看到了希望，眼神热切地看着胡逸民："永一先生愿意替我出力？这真是太好了！我希望我写的书稿能在我死后送到我的同志手上。"

见方志敏如此期望，胡逸民语气坚定地说道："这个你放心，我胡逸民也是个心直口快的人！我答应过别人的事情就一定能够做到！"

有了胡逸民的保证，自此之后，方志敏便更加刻苦认真地埋头写作。而胡逸民也十分自觉地不去打扰他，有时来看方志敏，也只是坐在他的床上看看报纸而已。

狱卒们还以为方志敏是在写认罪书，因此心里十分高兴。他们并不知道摆在桌子上方的是公开的书稿，而真正要写的是放在下面的。因为监狱提供的纸笔有限，所以方志敏就让同情革命的看守高家骏替他偷偷到外面去买纸。

在入狱的100多天里，方志敏写了《我从事革命斗争的略述》《可爱的中国》《死！——共产主义的殉道者的记述》《清贫》《狱中纪实》等16篇文稿，为后人留下了一笔宝贵的精神财富。

终于，在7月的一个夜晚，方志敏把一个纸包郑重地放在胡逸民面前："永一先生，这也许是我最后的文稿了，他们随时都会将我拉出去……这些东西，只有拜托你了！"

胡逸民双手捧起这包文稿，顿时感觉内心沉甸甸的，他激动地说："你放心，我答应过的事一定会做到！怎么送，你吩咐吧！"

"日后你若出狱，把它送到上海，设法找到鲁迅、宋庆龄或者其他真正同情共产党人的进步组织。这里面有我写给他们的信……"

果然，1935年8月6日凌晨，胡逸民被一阵铁镣声吵醒。他一骨碌从床上爬起来，看到方志敏被几个法警押出了囚室，他预感不妙，但又无能为力，两眼紧紧地盯着这位跟自己同处180天的囚友，两人相视一眼，一切尽在不言中。

后来，胡逸民通过托关系说情得以出狱，同时也将书稿秘密地带出。他始终没有忘记烈士的重托和自己的承诺，在潜伏一年后，他冒险赴上海去兑现自己的承诺。1936年11月，胡逸民一身生意人打扮,来到了上海。他先去找鲁迅,鲁迅已于 10 月 19 日病逝。十里洋场,人海茫茫,到哪里去找共产党组织呢? 正在焦虑踌躇中,他突然在报纸上看到"救国会"几个字,萌生了一个念头:去找上海救国会的头面人物章乃器先生。因为大家都说他和"共党"关系很亲密。

第二天,胡逸民费了一番周折,来到了章家,把书稿交给了章先生。但几天后,章乃器也被捕了。章夫人胡子婴怕敌人抄家,取出烈士手稿交给章乃器的弟弟章秋阳,让他乘出租车送交宋庆龄。后来宋庆龄将文稿交给了当时能代表中共组织的冯雪峰。据档案载:冯雪峰看后做了批语:交"小 K"(即潘汉年)。后来,冯雪峰又遵"小K"嘱托转交谢澹如保存。数年后,首先在上海得以出版面世的《可爱的中国》就是烈士的这批珍贵文稿之一。

若干年后,当胡逸民得知烈士遗稿传送全线过程后,他那久久悬系着的心,终于落了下来。

彝海结盟

在中国人民革命军事博物馆里,至今仍然珍藏着一面旗帜,虽然饱经风霜,却依然鲜红如昔,旗上写着"中国彝民红军果基支队"字样,是当年刘伯承授予果基小叶丹带领的中国彝民红军的。这面旗帜见证着当年的彝海结盟,也代表着红军和彝族百姓的深厚情谊。

彝海结盟是在红军长征的时候,当时刘伯承任红军总参谋长。1935年5月,红军来到四川凉山彝族地区,刘参谋长诚恳地对待少数民族,和彝族头人小叶丹在山清水秀的彝海边歃血为盟,争取到彝民的支持,并顺利地通过了彝族地区。

那一年,红军渡过金沙江进入了四川凉山彝族地区,刘伯承早已经预料到前途的艰险,他对部队讲话说:"今天我们到冕宁。过了冕宁,就是彝族地区了。冕宁过去是彝族人的城市,后来彝族人被反动政府赶到山上去了。彝族人民饱受欺诈和剥削,生活非常艰难,因此对汉人不怎么信任,成见很深。我们从这里过,他们肯定会加以阻挠,但他们不是奉蒋介石的命令,他们和国民党不是一回事,不是我们的敌人,我们过来也不是和彝族人民打仗的。我们要严格执行党的民族政策,用政策的感召力与彝族人民达成友好,争取说服他们,用和平的方式借道彝族地区。没有聂政委和我的命令,谁也不许开枪。"

果然,工兵连刚刚进入彝族地区时,彝族同胞便成群结队满山遍野地拥过来。他们呼喊着,手持棍棒、长矛、弓箭、土枪等各种武器堵住了前进道路，不让队伍通过。他们见红军并不采取抵抗行动，便一拥而上，抢走了战士的工具、背包，最后还扒光了战士的衣服。工兵连指战员们忍耐着，没有采取任何行动，光着身子从原路退了下来。

红军队伍前进的道路严重受阻。不能打，只能谈。在谈判过程中，一个高大的彝族汉子在众人的簇拥下赶了过来。来人自我介绍："我是果基家的小叶丹，要见你们司令员。听说你们只是路过这里，纪律严明，并没有打扰我们，还愿意和我们结为兄弟，我们可以讲和。"工兵连的领导看有人出面谈和，非常高兴，一边派人向刘司令、聂政委报告，一边陪同小叶丹在后面跟来。翻过一个山凹，过了一片森林，到了一个坪里，这里有一个清水池塘，名为彝海子，刘伯承就驻扎在这里。刘伯承听说小叶丹愿意和好，非常高兴地迎了上来。小叶丹解释说："今天在后面打你们的不是我，是罗洪家。听说你们要打刘文辉，主张彝汉平等，我愿与司令员结义为弟兄。"刘伯承说："那些欺压彝族人民的汉人，也是红军的敌人，我们结义是为了抵抗共同的敌人。"小叶丹非常高兴，叫一个娃子到家里去拿一只公鸡来。

结盟仪式按彝族规矩简单而庄重。由于没有酒和酒杯，刘伯承便从红军警卫员皮带上解下两个瓷盅，叫警卫员舀来彝海的水，以水代酒。娃子把公鸡杀了，将鸡血滴入两个瓷盅。小叶丹要刘伯承先喝，按照彝族人风俗，先喝者为大哥，兄弟应该服从大哥。刘伯承端起瓷盅，大声发出誓言："上有天，下有地，我刘伯承与小叶丹今天在彝海子边结义为兄弟，如有反复，天诛地灭。"说完后一饮而尽。小叶丹端起瓷盅激动地说："我小叶丹今日与刘司令结为兄弟，如有三心二意，同此鸡一样死。"说完后也一口喝干。

夕阳快落山了，刘伯承请小叶丹等人到大桥镇赴晚宴，小叶丹带领十八个小头领欣然前往。刘伯承素知彝族人嗜酒善饮，叫人把大桥镇的酒全部买来。晚宴上，刘伯承把一面红旗赠给小叶丹，上书"中国彝民红军果基支队"，任命小叶丹为支队长，他的弟弟古基尔拉为副队长，并当场写了委任状，小叶丹非常高兴。刘伯承又讲了许多革命道理，这个淳朴的汉子把刘司令的教诲，点点滴滴记在心头，当晚即住在先遣队司令部。

第二天早饭后，先遣队再次进入彝族地区。小叶丹跟着前卫连六连走在最前头，将连队带进了自己的村寨。只见彝族同胞们排好了队，笑眯眯地表示欢迎，把红军当做自己人看待。一些青年和儿童，还主动靠近战士们，双手比比画画，配合一些简单的词句，说明他们的心意。战士们有的送给他们鞋子，有的送给他们毛巾，得到的人们欢呼雀跃，民族团结的气氛非常热烈。

刘伯承拜托小叶丹："后面红军大队还多，拜托你一定把全部红军安全送过彝区。红军走后你要打起红旗坚持斗争，将来我们会回来的。临别之前，送你一点儿薄礼。"刘伯承送给小叶丹10支步枪，小叶丹将自己的坐骑大黑骡子送给了刘伯承。刘伯承告别了小叶丹，小叶丹也忠实地执行了刘伯承的嘱咐，将彝族人组织起来，护送红军后续部队过境。他昼夜奔忙，往返于大桥镇和筲箕湾，经过七天七夜，红军大队一路畅行无阻，安全通过彝族地区。

红军走后，小叶丹打起了红军彝民支队的旗帜，与国民党反动派展开了长达数年的游击战。在那艰苦斗争的岁月里,果基支队的战士们眼看自己的房屋被焚毁,牛羊被抢劫,却千方百计地保住刘伯承所赠的旗帜。小叶丹把这面红旗当做民族团结的见证和民族解放的希望,身边的许多东西都丢掉了,唯有"中国彝民红军果基支队"的旗帜始终完好地保存着。在最艰难的时刻,小叶丹含着热泪勉励自己的妻子和弟弟,不要忘了刘伯承的嘱托,不要忘记红军的恩情。他说:"红军一定会回来的,刘伯承我信得过,他绝不会骗我。万一我死了,你们一定要保护好这面红旗,将来把它亲手交给红军。"

1942 年 6 月 18 日,小叶丹遭到国民党军队收买的部族武装的伏击身亡。冕宁县解放后,小叶丹的妻子遵照丈夫的遗嘱,郑重地把刘伯承赠送的"中国彝民红军果基支队"的队旗亲手献给了政府。这面队旗一直被珍藏,象征着红军和彝族同胞的深厚情谊。

爱民县长

林基路,广东台山人,1935 年加入中国共产党,在抗日战争爆发之前,他曾在中央党校学习过几个月的时间。这段学习经历极大地提高了他的自身素质,坚定了他的革命信念。由于中国共产党与新疆军阀盛世才结成统一战线抵抗日寇,所以在 1938 年 3 月,林基路受党中央派遣,由延安去新疆工作,准备用延安的革命火种去点燃西北边疆的革命火焰。林基路来新疆后,先后任新疆学院教务长、阿克苏专区教育局局长。

1939 年 6 月,林基路调库车县任县长。他乘长途汽车到库车站下了车,自己肩扛行李步行到县政府上任。此举给了库车人民非常好的第一印象。林基路在担任库车县县长期间,非常注意维护民族团结,改革弊政,积极为各族人民造福,因此被当地群众亲切地称为"爱民县长"。

一天,林基路刚从省会迪化开完会赶回库车县城,就在快要到达库车县城时,林基路远远地看见了一位白胡子老爹爹和一个壮实的年轻人拉扯在一起。这位老爹爹佝偻着身子,满头大汗,手里死死地攥着一条牵着奶牛的绳子,而那个壮实的年轻人却不停地推搡着白胡子老爹爹,准备要把奶牛抢走。他一边推,一边骂道:"你这个老不死的东西,快点儿松手,把绳子给我!我告诉你,今天这个奶牛我是要定了!"这光天化日之下,怎么会有这种嚣张跋扈的人在为非作歹呢?

原来，那个壮实的年轻人是官府负责分配田地用水的人，当地人称其为"米拉甫"。别看米拉甫只是一个小小的管田地用水的人，他的权力可大着呢！他可以利用他的权力来决定谁家的耕地能否用水、能用多少水，这些可都直接关系到农民们种地的收成啊！而且这些米拉甫与官府里的政务警察、包税掌柜等都或多或少的有些联系，所以他们经常在村子里仗势欺人，强行收取费用。前些日子，这个米拉甫又到乡下去强行收钱，老爹爹家里因为今年收成不好，自己家的温饱都没法解决，所以根本没有钱来"孝敬"这个米拉甫，恼羞成怒的米拉甫就联合政务警察把老爹爹的儿子给陷害入狱了。今天，这个米拉甫看到老爹爹为了全家人的生计，用家里仅剩的一点钱儿买了一头奶牛，他又起了抢夺之心："你欠水款不缴，还有钱买奶牛！好吧，那就用这头奶牛顶水款。"双方的拉扯越来越激烈，最后，米拉甫一使劲，一把将白胡子老爹爹推倒在地，抢过了牵奶牛的绳子，得意扬扬地哼着小曲把奶牛带走了。而那位白胡子老爹爹无助地坐在地上痛哭流涕，嘴里还在叽叽咕咕地说着些什么，半天都没能爬起来。

正在这时，老爹爹感到有人扶住了他的胳膊，使劲地将他拉了起来。痛苦的老爹爹睁开眼一看，原来是一位穿着灰旧制服的汉族青年，旁边还站着一位中年先生。"老爹爹，你这是怎么啦？为什么刚才那个人要抢走你的奶牛呢？"这位汉族青年关切地问。于是老爹爹把事情的前前后后向汉族青年详细地叙述了一遍。这位白胡子老爹爹越说越伤心、越说越痛苦，眼泪一直不停地流。他向这位汉族青年哭诉道："现在我家里一分钱也没有了。儿子被害入狱了，奶牛也被抢走了，这让我们一大家子可怎么活啊！"突然，这位老爹爹止住哭泣，自言自语道："大家都说最近新来的一位姓林的县长是为我们老百姓做主的，是一位爱民的好县长，我应该去找林县长。对，我应该马上去找林县长！"说着，白胡子老爹爹急忙拍了拍身上的尘土，对汉族青年说："年轻人，谢谢你！我要去找林县长告状，救出我的儿子，林县长是位大好人，一定会为我们老百姓做主的。""这位就是林县长。"旁边那位中年先生插嘴说道。白胡子老爹爹顿时有些没反应过来：原来，面前这位穿

灰旧制服、态度和蔼的青年人，就是他要找的林县长——林基路。

"林县长，我求求你呀！你一定要为我做主啊！我们家真的已经走投无路了啊！"老爹爹再一次伤心得哭了起来。林基路连忙安慰老人道："老大爷，别难过！我回去立刻开始调查这件事情，如果事情属实，我一定会给你主持公道，绝对不会让咱们老百姓吃一丁点儿苦头！请你相信我！"接着，林基路便询问了老爹爹儿子的名字和大概的长相，然后又问了刚刚那个抢走奶牛的米拉甫的名字，临走前，林基路握着白胡子老爹爹的手说道："你放心，我一定会查清楚这件事的，这是我林基路的承诺！"

白胡子老爹爹心里七上八下地回到了家里，他非常希望今天遇到的是一位青天大老爷，可是他又不敢抱太大的希望，因为在那个年代，能够真正为民做主的清官实在是太少了。但是，老爹爹左思右想也想不出其他更好的办法，也就只能在家里等着县城那边传来的消息。老爹爹心里想着，就算林县长会帮我调查，怎么也会等个十天半个月才能有消息吧。

可是，让老爹爹万万没有想到的是，还没到吃晚饭的时候，老爹爹的儿子就走进了家门。和他一起回家的，还有那头被米拉甫抢走的奶牛！儿子激动地告诉老爹爹，是林县长专门把他从牢房里迎出来，然后又派县里的职员从米拉甫手里要回了奶牛。在他回家前，林县长还专门嘱咐他，让他回家后努力干活，好好孝顺老爹爹。老爹爹望着刚刚从狱中回来的儿子，激动得说不出话来，只是在心里面不断地念叨着："林县长啊林县长，

你说话算数,一诺千金,真是咱维吾尔人的贴心人呀!"

这个事带给林路基的感触很大,他下决心要整顿现有的官府体系。不久,县府下了命令:第一,革除现有区、乡、街长和管水的米拉甫,变成由老百姓重新选举清廉的人担任这些职务;第二,革除作恶多端的政务警察,仅留二十几人维持社会治安;第三,革除包税制和其他苛捐杂税,由县府统一掌管税务。一直以来欺压库车县百姓的"三霸"被林基路革除了,库车县百姓心里乐开了花,别提有多高兴了!从此以后,林基路说到做到,一诺千金,关心百姓疾苦的事迹在千家万户世世代代地流传着。

1942 年夏,新疆军阀盛世才退出了统一战线,公开反苏、反共。优秀的共产党员林基路被骗回迪化。在迪化,林基路先是被软禁,后于 1943 年 2 月 7 日被投入监狱。在狱中,面对敌人的威逼利诱,他坚强不屈,用香头儿作笔写下了正气凛然的《囚徒歌》。9 月 27 日午夜,林基路与陈潭秋、毛泽民一道,被盛世才秘密杀害,时年 27 岁。

虽然林基路在新疆只工作、生活了短短 5 年多时间,却产生了极为深远的影响,虽然距离林基路被害几十年过去了,但新疆各族人民仍然牢牢地记着他,因为,新疆各族人民正是从他的身上看到共产党人是如何为民执政、如何一诺千金的。时至今日,在乌鲁木齐燕儿窝林基路长眠的墓前,一年四季经常有人敬献鲜花;在新疆学院原址上扩建的新疆大学,至今保留着林基路制定的八字校训;在库车城乡,随处可见以林基路命名的街道、学校、水渠、堤坝、大桥……

陈毅进沪

今天的上海市,非常繁华,是人人皆知的中国著名城市。回顾上海的历史,总会提起当年陈毅解放上海的事。现在的上海比起旧时,已经发生了翻天覆地的变化。六十几年前的上海,一片混乱,因受国民党反动宣传的影响,上海老百姓对解放军很不了解,甚至有些抵触,在这样严峻的情况下,陈毅率领的解放军是如何得到上海老百姓的信任、赢得老百姓的拥戴的呢?

上海既是中国工人阶级的摇篮,又是中国乃至亚洲的经济中心之一。解放并接管好一个上海,不仅对中国经济的恢复和发展有着至关重要的意义,也将在世界公众面前显示中国共产党和中国人民的才能和气概。上海情况很复杂,接管这座城市若稍有疏忽,后果不堪设想,搞不好,甚至难以站住脚跟。因此,上海的解放、接收和管理成为非常重大也非常棘手的任务。

1949年3月上旬,在党的七届二中全会上,陈毅被任命为上海市市长。4月,蒋家王朝覆灭,中国人民解放军继续南进,准备夺取上海。为了应对可能出现的问题,陈毅早早开始着手考虑如何做好上海的接管工作。早在陈毅随渡江战役总前委机关进驻肥东县瑶岗村时,他就主持制定了各种政策、规定。4月15日,陈毅到合肥洪家花园,给随军南下的1500名干部作动员报告,讲解入城纪律要求,讲解接管上海后党的有关方针及统战政策。5月10日,在江苏丹阳,陈毅再次向数百名上海接管干部作入城方针政策报告,

特别强调遵守入城纪律
的重要性。

陈毅指出："目前上海的老百姓对我军很不了解，我们进城之后一定要严守纪律，给他们一个好的'见面礼'。因为老百姓接触我们，首先注意的是军队的纪律，入城纪律非常重要，如果搞不好，以后很难挽回影响。我们野战军，到城里可不许再'野'了，纪律，一定要严！"于是陈毅让人起草了《入城三大公约十大守则》。《入城公约守则》公布之后，现场瞬间炸开了锅——守则里提出部队进城之后一律不准进入民宅。

会上展开了激烈讨论。有的同志很不理解："从红军时代起，《三大纪律八项注意》，就有住进民房要'上门板、捆稻草'这一条。

况且我军向来与老百姓鱼水情深,一直以来都是住在老百姓的家里,为什么偏偏到了上海要睡在大马路?"也有同志表示理解:"我们大多数都是从农村里出来的,在泥地里习惯了,平常生活习惯和乡下老百姓差不多,自然能相处得很好,没什么问题。但城里毕竟和农村不同,很注重自己家的环境卫生和个人隐私,咱们是肯定不能随便进去的。"这话说得很在理,但担心的现实的问题又来了:"不住民房睡在马路的水泥地上,早晚天气凉,要是战士受寒生病了,怎么打仗呀!战士睡马路,师、军指挥所也放在马路上吗?"还有的同志担心:"下大雨怎么办?难道要我们的战士躺在水里睡觉吗?还有伤病员,在马路上怎么医治呀?"总之是不赞成之声居多,不仅有战士、基层干部,还有营、团一级干部,都对进城睡马路表示想不通。

陈毅听后很生气,口气坚决地说:"这些困难都是可以想方设法克服的,但军队不入民宅睡马路这一条要坚决执行。就这么定了,天王老子也不能改!"于是在上报总前委得到邓小平、刘伯承同意后,上报党中央。很快,就收到了毛主席的电报批示,主要是"很好,很好,很好,很好"八个大字。

5月23日,解放军发起全线总攻,向上海市区突击。5月27日,上海全部解放。历时15天的上海战役中,解放军共歼敌15万多人,而城市则完好无损。枪声停息后,上海市市民看到的是这样的一幅景象:电灯还像以前一样明亮,扭开水龙头照样流淌出清澈的自来水,电话照样畅通……

部队进入上海市区后,严守《入城守则》。尽管上海连日大雨,

信

5月的夜晚仍有些寒意,但指战员们仍睡在马路上,无一人进入民宅。为了不惊扰群众,部队还把军车和军马一律留在市郊,饮水和饭食要从三四十里外送来。解放军官兵每餐只吃少量的咸菜,以保证上海市民的蔬菜供应。5月27日一大早,当广大上海市民打开房门时,惊奇地发现进入城区的解放军部队井然有序地露宿街头:开水全都在郊外烧好,挑着担子送入市区;战马及运输用的骡马的屁股上,个个兜个麻布袋,让它们的粪便自动流入麻袋内……

霎时间,解放军赢得了上海600万人民的热烈拥护,同声称赞这是"仁义之师"。他们说:"我们从来没有见过这样好的军队。"上海市人民热情地带着汽水、饼干,纷纷拥上街头慰问解放军官兵,整个大上海,呈现出一片亲人相会拥军爱民的动人景象。上海各界举足轻重的大人物也都因此而打消了对共产党和解放军的疑虑,自愿留下来共同建设新的上海,他们说:"我们之所以留下来不走,听候接管,首先是听到解放军'约法八章'的广播,吃了定心丸,然后又亲眼看到解放军进入市区不住民房睡马路,我们非常感动,所以下决心留下来为人民政府服务,共同建设我们的家园。"

陈毅带领着解放军,以实际行动取信于民,不扰民的诚心换来了老百姓的爱戴和拥护。六十多年过去了,无数的文章、电影、电视讲到解放上海时,都会出现解放军露宿街头的大幅照片和画面,许多"老上海"至今仍把解放军不住民房睡马路传为美谈。

终生的守护

2013 年清明，一位老人颤颤巍巍地拄着拐杖来到一排烈士墓前，久久伫立。见到墓碑上有了浮土，老人用颤抖的手从怀里摸出一块手帕，轻轻地擦拭着墓碑，宛如当年他为那些牺牲的烈士们擦拭脸上的血迹。凝望着墓碑，想起长眠在这里的那些年轻面孔，想到大家现在的幸福生活，泪水又一次在老人的眼眶中充盈，滚落。

这位老人叫王文彬，河北昌黎县汪上村一个地地道道的农民。65 年前，他亲手埋葬了在解放战争中牺牲的 23 位烈士，从那一天起，他毅然肩负起照看烈士墓的责任。从二十来岁的年轻后生到八十多岁的耄耋老人，半个多世纪的光阴里，他怀着一股如火的信念和一种朴素的情感，恪守承诺，悉心守护着烈士们的忠骨长达 65 年。

1948 年 6 月 24 日，华北野战军第四旅奉命攻打昌黎城后封台火车站，后勤部驻扎在汪上村。当日深夜，解放军急行军的步伐打破了汪上村的静寂，当时只有 22 岁的王文彬终于见到了他朝思暮想的解放军。在年轻的王文彬眼里，来了解放军就是来了救星，他迅速投入到为解放军服务的行列，给解放军带路，向邻近的小营村卫生所送伤员，配合战士爬壕沟为前线送饭……晚上他和战士们一起坐在炕头儿上喝小米粥，一起憧憬着解放后的好日子，感情好得像一家人一样。

之后，王文彬亲眼目睹了他最不希望看到的一幕：许多熟悉的

信

身影倒在了战场上，连长夏凤翔牺牲了，战士王玉琴、朱兴山倒下了……眼瞅着这些刚刚还生龙活虎、亲如家人的年轻战士们一个接一个被抬下战场，永远地闭上了眼睛，王文彬泪流满面。擦干了眼泪，他又接受了一个任务：和村民徐玉田、张福庆、王亭山一道安葬烈士。炮火声中，王文彬和乡亲们为烈士们擦去脸上的血迹，掸去身上的泥土，整理好带血的军装，含泪埋葬了这些战士，还在每座坟茔前竖立起一块木牌，木牌上刻下了

烈士的英名，23位烈士就这样被安葬在了汪上村。

新中国成立后，一位烈士的墓被亲属迁走，余下的22座坟茔成为王文彬割舍不掉的牵挂，"把烈士的墓地照看好"也成为他生命中一份沉甸甸的职责。65年如一日，他隔三差五就到墓地走一走、看一看，给烈士墓拔拔草，这已经成为他的一个习惯。

王文彬像珍爱自己的生命一样守护着烈士们的坟茔，在汪上村乡亲们的眼中，"王文彬对待烈士墓胜过自家的祖坟"。1949年秋发大水，地处低洼的两座烈士墓被淹没在洪水中。心急如焚的王文彬带领几个村民在齐腰深的水中忙了一天，顶着大雨将坟迁到地势较高的地方。20世纪50年代末和"文革"期间，村里曾有两次启动平坟的想法，都因王文彬的劝阻而作罢。他抖落着那张发黄的名单，说道："烈士们没有等到过好日子的那一天，他们的死是为了我们。再缺地，咱也不能对不起烈士！"近些年，有人受利益驱使，到烈士墓旁的小河边挖沙，王文彬语重心长地告诫挖沙人："河沿旁埋的可都是烈士的忠骨啊。绝对不能挖，不能让烈士们走了还不得安宁。"老人的肺腑之言让挖沙人惭愧了，沙子没有挖，烈士墓地附近的一些坑洼反倒被填平了。

为给烈士们树碑，让烈士们的英勇事迹流传千秋万代，耄耋之年的王文彬和村里的几个老人多次到民政部门奔走呼吁，终于促成了墓碑的修建。如今，高大雄伟的墓碑上铭刻着战斗的经过和烈士们的事迹，碑体上"革命烈士永垂不朽""功昭日月气壮山河"的大字震撼人心，村民们自发栽种的几百棵白杨树日夜陪伴着烈士们的英灵。

半个多世纪里，王文彬不厌其烦地向自己的儿女们、上学的孩子们以及村民们反复讲述那次战斗和英烈的故事，汪上村64岁的村支书郭五零说，自己就是从小听着王文彬的讲述，知道了烈士墓的由来，自己40岁的儿子、14岁的孙女，也都是在这样的聆听中长大。王文彬对烈士的深情感召着身边每一位村民，从1949年到今天，汪上村村委会班子换了10届，小学校长换了7任，祭奠烈士的行动却从未间断。在他的带动和感召下，每年清明节，都有数以千计的村民和学生来墓地祭扫、献花。2007年，在王文彬和村里其他老人的奔走呼吁下，民政部门整修了烈士墓。2011年9月21日，王文彬在第三届全国道德模范评选中荣获全国诚实守信模范称号。

65年来，作为一位忠诚的守墓人，支撑王文彬坚守着长达半个多世纪的承诺或许只是一种单纯的信念，正如他所说的："烈士们为了新中国、为了咱劳苦人，把命都搭在这儿了。我要把烈士的墓地看管好，才对得起他们！"简单、朴素、直白的语言背后寄托的是一种后人的哀思，守护的是一种内心的信仰，传承的是一种不朽的精神！正是因为有了王文彬老人的这份坚守和执著，才让这23位英烈的忠魂不再孤单，才使英烈舍生忘死的革命精神永驻人间！

海尔砸冰箱

提起海尔，人人皆知它是世界"白色家电"第一品牌，被誉为中国最具价值的品牌。海尔不仅是中国广大消费者心中最信得过的品牌之一，也是世界各国消费者非常信赖的品牌。海尔为什么能够得到广大消费者的信赖？这不得不提起在海尔创建和发展初期发生的"砸冰箱"事件。

当时的海尔是青岛电冰箱总厂，厂长是张瑞敏。1985年，张瑞敏从德国引进世界一流的冰箱生产线，开始生产瑞雪牌电冰箱。那时，电冰箱可是个紧俏货，不仅价格昂贵，而且市场上很难买得到。一台冰箱800多元钱，而职工每月平均工资只有40元，一台冰箱几乎等于一个工人两年的工资，并不是一般人能够买得起的。

有一天，张瑞敏的一位朋友要买一台冰箱，但发现有些冰箱都有点儿毛病，挑了很久才选中一台。这个时候，又听说有用户反映电冰箱存在质量问题。于是，张瑞敏派人把库房里的400台冰箱全部仔细检查了一遍，发现其中有76台存在着各种各样的问题，有一些是电冰箱外表有划痕，并不影响冰箱的制冷功能。当时是改革开放初期，物品缺乏，因此市场销售非常好，只要产品还能用，就可以卖出去。实在卖不了的产品，就分配给员工自用，或者送货上门半价卖掉，总之，不管多差，都是可以处理掉的。所以在研究处理办法时，干部们纷纷提出，将这76台电冰箱作为福利处理给本厂的职工。但这并不是张瑞敏心中理想的解决办法，于是他决定召开全体职工大会。

会上，张瑞敏对全体员工说："400台里面居然有76台存在问题，这件事情必须处理。我知道，大部分人的想法都是按照惯例，便宜处理给职工，但是，这不就等于告诉我们大家可以生产劣质冰箱了吗？今天是76台，明天是不是就会是760台、7600台?！绝对不能这样！如果我们连冰箱的质量都不能保证，怎么能够赢得用户的信任，让他们放心地买我们的东西？又怎么能够在市场上站得住脚？"张瑞敏宣布："今天，必须解决这个问题！在全体职工面前，我

们要把这76台劣质冰箱砸毁！以后，绝对不能再出现这种情况，不能再生产有问题的冰箱！"

听到厂长这样说，很多老工人当场就流泪了。要知道，那个时候别说"毁"东西，企业连开工资都十分困难！况且，在那个物资紧缺的年代，别说正品，就是次品也很少有人买得起啊，这76台冰箱还是能够用的。如此"糟蹋"东西，大家真的心疼啊，甚至连上级主管部门都难以接受。于是，大家纷纷提出："厂长，这些冰箱虽然有问题，但还是能够用的啊，砸毁了真的太可惜了，我们真的是干一年的工资也买不起一台这样的冰箱啊！这次可不可以先放过？以后我们一定认真地做，严格地查，绝对不会再出现这样的情况。"张瑞敏其实也是很心疼很不舍的，但他非常明白：如果放行这些产品，就谈不上质量意识，很可能再生产出这样的不合格冰箱，以后管理起来可能就更难了。所以他坚定地说："不，这76台有问题的冰箱一定要毁掉，要彻底消除大家可以生产这种带缺陷冰箱的念头！以此为戒，只有保证了冰箱的生产质量，我们才能做得更好，走得更远！"

当职工们眼看着张瑞敏亲自拿着大锤带头把有问题的电冰箱砸烂之时，内心受到的震撼是非常巨大的。很多职工在砸毁冰箱时都流下了眼泪，平时浪费了多少产品，生产了多少不好的产品，很少有人去心疼；直到要砸冰箱时，感受到这是一笔很大的损失，心里很痛；但是亲眼看着冰箱被砸，那种痛心疾首的感受是无法形容的。通过这种非常有震撼力的举措，改变了全体职工对产品质量、对企业诚信的看法。厂里的老职工胡秀英说："忘不了那沉重的铁锤，高高举起又狠狠落下，76 台质量不合格的冰箱顷刻间变成了一堆堆废铁的场面。它砸碎的是我们陈旧的质量意识，唤醒了我们去努力提高自身素质的意识。有了质量，我们才有了现在、未来发展的一切。"

是的，正是伴随着那声声巨响，一柄大锤真正砸醒了海尔人的质量意识和诚信意识，也使海尔渐渐赢得了广大消费者的信赖和支持。1988 年，海尔获得了我国冰箱行业的第一块国家质量金奖。海尔砸毁 76 台不合格冰箱的故事传开了。它不仅改变了海尔员工的质量观念，为海尔赢得了诚信美誉，而且也引发了中国企业家责任意识的觉醒，对中国企业及全社会质量意识、诚信意识的提高产生了深远的影响。

1999 年 9 月 28 日，张瑞敏在上海《财富》论坛上说："这把大锤对海尔今天走向世界，是立了大功的！"那把著名的大锤，海尔人已把它摆在了展览厅里，让每一个新员工参观时都牢牢记住它。

彩票中奖

　　500万元巨奖,会改变人的生活轨迹,但更是检验人道德素养的一把尺子。2011年央视春晚小品《美好时代》中,彩票站站主帮朋友代买彩票喜中500万元大奖,最终把彩票归还买主。小品中的夫妻俩为了这500万元大奖的归属着实纠结了一番,许多看小品的人都认为这只是电视中的事,现实生活中哪有这么"傻"的人呢?

　　现实生活中真有这样的"傻"人,小品不是艺术家凭空编造出来的,而是确有其事,并且不止一次,不止一个人。

　　王声林就是其中的一个"傻"人,他是安徽省芜湖市繁昌县获港镇桃冲街道的一位普通居民,也是一个小彩票点儿的销售业主。他在一次"百万富翁"与"诚信"的人生价值选择中,毅然决然地选择了"诚信",让煮熟的鸭子给飞了!

　　2004年5月的一天,王声林自己买了100元彩票后,打电话建议老彩民孙某趁体彩中心搞优惠活动买些彩票。孙某一时半会儿去不了销售点,就像往常一样让王声林先帮他垫付彩票款。于是王声林就给孙某买了100元彩票,并把它们都分开放在自己的抽屉里,在另外一沓上面放了一个小条子,上面写了一个大大的"孙"字,以便区分自己的和孙某的。到了晚上,王声林准时等着摇奖。摇奖后,他发现自己的销售电脑上显示出了有一组号码中了500万元。王声林当时一惊,揉了揉眼睛,抑制住激动的心情再仔细看了看:果真不假!紧接着,市体彩中心工作人员打来电话祝贺站点儿

信

中了500万元大奖，省体彩中心也来电确认。这下子让王声林确定无疑了。看着这中奖的号码，他仔细回想了一下，好像是他给孙某打的号码当中的一组。他马上打开抽屉，拿出彩票进行确认，还真是有一组中奖了！他十分兴奋，大声地叫喊着："老婆，快来看，中奖了！中奖了！"

当他爱人带着期待与疑惑的心情看着彩票时，王声林却说："别激动，不是我们中奖了，是我给孙某打的那彩票中奖了！"

他爱人一听是别人中奖，顿时澎湃的心情冷却了下来，却又很不甘心。她琢磨了一会儿，问了句："声林，你给孙某打的彩票，他给你钱了吗？"

"没有啊，我不经常给他垫钱么。"王声林一副理所当然的表情。

他爱人一听，孙某居然还没有给钱，心想那这彩票就应该归我们了，就对王声林说："声林，你看，钱都是你出的，这彩票应该归我们自己啊！"

王声林冷静地回答道："是人家中的就是人家的！咱不能干这事儿。"

他爱人顿时跳了起来："你疯啦！买彩票的钱是你出的！号码是你选的！中了奖却说是别人的！我说，这彩票就是我们的！"

"人家虽然没有先给钱，但是平时我给他打的彩票没中奖时，他也没有不给我钱。如果中奖了就说是自己买的，没中奖就让人家出钱，那我们还讲不讲诚信了？"王声林厉声道。

他老婆一听，十分气愤，哭着说："你真的疯了！诚信值多少钱？你知道这是多少钱吗？500万！不是500元！"

　　二人继续争吵着，王声林的两个女儿在睡梦中也被吵醒了，起来问父母究竟发生了什么事。知晓情况之后，两个女儿也不同意父亲的决定，大女儿说："爸，你听妈妈的，把彩票留下吧！反正人家没有给你钱！况且，你看咱家，前几年你开煤窑亏本了，欠了40多万元的债，压力多大啊！我和妹妹还在念书，以后还要花好多钱，留下这张彩票，咱家的情况马上就可以改变了啊！你和妈以后就不用再劳累了！"

　　小女儿也应声说道："是啊，好爸爸，你听妈妈和姐姐的吧。"

　　王声林却不为所动，"我这个人没有别的优点，但就是讲信用。不然这个销售点儿怎么开下去！人家来买彩票，还让我垫钱，就是信任我！我怎么能让别人失望呢。你们应该支持我才对啊！"他把两个女儿叫到跟前，"你们还小，以后会理解的！"

　　深思熟虑之后，他不顾妻子、女儿的劝说，当即拨通了孙某的电话："孙老板，我给你买的彩票中大奖了！你来我家取彩票吧！"

　　熟睡中的孙某被这天大的喜讯惊

呆了，并马上起床开车来到王声林家。当孙某接过彩票后，他十分激动地握着王声林的手说："王大哥，真没有想到，世界上还有你这样讲信用的人。你放心，等我领了奖，一定分一部分给你！"

但王声林却直接拒绝了，笑着说道："是你的就是你的！如果我想要你的钱，这500万直接就是我的了！"

随后，王声林诚信让奖的义举很快传开了。对此，许多人不能理解，但更多的人投来了崇敬的目光，他为此赢得了一个绰号"王孬子"。之后，"王孬子"的体彩生意更好了，体彩销售额一度在芜湖市超过了所有的销售点。中国福利彩票中心在知道他的事迹之后，十分赞赏他的品格，并破例为他增设了一个福利彩票销售机。于是，同时拥有了体彩与福彩销售权后，王声林把自己的销售点儿改名为"王孬子彩吧"。

诚信给生活带来的改变，让王声林的妻子与女儿心悦诚服。后来，媒体对她们进行采访时，妻子说道："我当时的确很难接受，但现在看来，声林的确做得很对！为女儿以及许多人树立了一个很好的榜样！"连他的女儿也说："现在听到'王孬子'三个字都感到很亲切！"

这件事迅速引起媒体广泛关注，在全国更是引起热烈反响。相似的情景在中华大地重复出现……

2011年9月13日晚，安徽省当涂县一彩民凭借一张6元钱的单式票，幸运中得双色球498万元大奖。而这位幸运儿的彩票，是太白镇34050018号福彩专营店的业主吴天飞先生帮他垫钱代买的。在得知这张彩票中了双色球后，吴天飞做出了一个令人敬佩的选择：第一时间将它"完璧归赵"。这张 498 万元的中奖彩票是通过电话投注，该彩民根本不知道自己中奖。但第二天一早，彩民到投注站投注，吴天飞主动将中奖彩票递给他并告诉他中大奖的消息，他才知道自己中了大奖。吴天飞说，他从来就没想过动这张彩票的念头，该是谁的就是谁的。当然自己心里也特别高兴，中奖肯定对他的生意有好处。如果下次再帮人买中的奖再多，他还会这样做。

　　2012 年 5 月 16 日 19 时，位于安阳县水冶镇的体彩销售网点内，王树娟接到一个电话，一位经常在此购买彩票的小伙子打电话让她帮忙买一张彩票。当天晚上，这张彩票就中了大奖：这张复式彩票花了 336 元，中奖总金额高达 834 万元。面对大奖的诱惑，彩票销售点儿业主和销售员不为所动，第一时间通知了中奖者，并将中奖彩票归还中奖者。"中了这么大的奖却给了别人，有人说我傻，因为中奖号是我帮忙挑选的，大奖得主并不知情。但我是替别人买的，该是谁的就是谁的，做人要讲诚信。"王树娟是这样讲的。"不是自己的，如果拿了良心上也过不去，做人做生意，诚信比再多的金钱都重要。"彩票销售员是这么说的。

　　……

　　诚信到底值多少钱？这几位彩票销售工作人员以切实的行动告诉我们，诚信是不能用金钱来衡量的，因为它是无价的。

诚信还贷

2005 年 12 月 15 日,河南中医学院举行了一个非常隆重的还贷仪式,省教育厅、发贷银行有关负责人、学校党委书记孙建中、副书记徐玉芳和数百名师生员工参加了还贷仪式。在这个还贷仪式上,当王一硕将辛苦劳动积攒的 26770 元交到发贷银行负责人手里时,全场响起热烈的掌声。这时,距离规定还贷期限还有十个多月。王一硕为什么提前还贷,学校又为什么专门为他举办了这样一个还贷仪式,这中间有着什么样的故事呢?

王一硕,河南省长垣县人,生活在一个非常贫穷的农民家庭,家里唯一的经济来源是十几亩地的收入,一年也只有四五千元。2000年,王一硕收到河南中医学院的录取通知书。对于一般人的家庭来说,考上大学是件大喜事,但对王一硕家里来说,每年 6000 元的学费实在太昂贵,这给原本生活就很艰难的家庭又增加了很大的压力。为了不再让父母为难,也为了不使正在上高中的两个妹妹失学,王一硕决定放弃梦寐以求的大学,到西安去打工。

一个月后,王家意外地收到了一封电报。上面说,如果是因为学费问题而没来学校报到,请速来报到,学校可以帮忙申请助学贷款。原来当学院得知王一硕是因交不起学费才没来学校报到时,迅速为他争取了国家助学贷款。2000 年 10 月 15 日,已经报到的王一硕和广东发展银行签订了 24000 元的助学贷款合同,双方约定的偿还日期是 2006 年 10 月 15 日。

　　有了这笔钱，王一硕念大学就没有了后顾之忧。对这笔贷款，王一硕说："3 年的学费 18000 元，住宿费 1500 元，银行全给解决了。生活费是 4500 元，每个月 150 元，也够了。早晨吃包子、稀饭 7 角，中午炉面 1 元，一般的菜也就 5 角钱一份。生活没问题！"其实，每月 150 元钱，仅仅是填饱肚子而已。但毕竟这笔钱保障了王一硕基本的生活需要，为他的学习提供了保障，真的是雪中送炭。入学以来，王一硕一直对国家能够提供这笔贷款让他顺利上学心存感激，也一直惦记着毕业以后还贷的事。王一硕说："因为时常都在想着这件事，感觉压力很大。想着尽快把贷款还完才能心安，才能轻松起来。"这和当时有的申请国家助学贷款的人是很不一样的。

　　当时总有贷款学生逃避还钱的现象出现，很多人都这样认为：反正我是借国家的钱，不是借个人的。如果我是借个人的，自然两三天或几天就得还给人家，既然是借国家的，可以欠着，还不还国家也不能拿我怎么样。当时和王一硕一起贷款的同学也有这种想法，王一硕坚决不同意这样的观点。他认为我们从国家借了钱就得还给国家，既然和银行签订了合同，就得信守承诺，按时还款。他说："如果我们都这样，不信守承诺，不还贷款，就很难有人再相信我们。一些依靠贷款上学的贫困大学生，也很有可能没有银行愿意给他们提供贷款，那样他们怎么办？"王一硕从来不曾忘记他签下的合同和许下的承诺。

　　2003 年，王一硕以优异的成绩完成了大学学业。毕业后，王一硕本来有机会去北京工作，但他选择了去西部做志愿者。2003 年 8 月 21 日，在即将奔赴西部之际，王一硕给广东发展银行未来路支

信

行行长田华松写了一封感谢信。信中说："我是河南中医学院的学生，非常感谢你们三年来对我的帮助。我的母校不仅教给我丰富的科学文化知识，更教会了我做一个诚实守信的人，一个胸怀祖国的有志青年。我已被批准为西部志愿者，被分配到陕西省宝鸡市麟游县科技局服务，请你们记下我的联系方式，有事随时跟我联系，我保证按时还清贷款，请你们放心。"田行长被打动了，他说："志愿者钱少，只要我们能找到你就行，到时候还不了可以延期。"

还贷
26770 元

2004 年 9 月，王一硕从陕西回到河南郑州，兜里的 1500 块钱是做了一年志愿者的全部积蓄。考研、工作没着落，甚至连落脚地儿都还没有，贷款还有两年就要到期了，连本带利近三万元贷款能否按时还得上，王一硕心里也没底。跟家里谈及此事时，王一硕的语气更沉重了。

为了实现自己还贷的承诺，王一硕回到郑州，一边复习考研一边打工。随着他的收入不断增加，归还国家助学贷款的愿望也日渐强烈。一些朋友不理解他的想法，劝他说："国家有的是钱，也不在乎你那点贷款，何况还有那么多大学生没有还款，你干吗那么着急呀？"王一硕却不那么认为。他说，在我最困难的时候，是国家向我伸出了援助之手，让我获得了宝贵的学习机会，我怎能忘恩，怎能不为国家分忧呢？这是我义不容辞的责任，而且我当初和国家、银行签了合同，承诺要按时还款就一定得做到！

"没有这个贷款，我也上不了学，现在上了，而且又用所学知识赚了钱，先还国家，最应该。"王一硕对老师、对学校、对银行、对所有关心他的人都是这句话。

一年多后，虽然还有十个月贷款才到期，王一硕向学校正式提出申请，提前还贷，以自己的实际行动实现自己的诺言。这是河南省内大学生提前归还的第一笔国家助学贷款，学校和银行被王一硕诚信的精神所感动，特地为他举办了一场还款仪式，也给所有学生起了一个模范带头作用。因为王一硕的诚实守信，2007 年，他被评为"全国道德模范"。

麻风斗士

　　"放心,我不会丢下你们不管!"为了这句承诺,一个普通的编外医生——唐中和,孜孜坚守了半个世纪,远离自己的家园故土、挚爱的妻儿,三次放弃离开"麻风村"的机会,把一生中最美好的青春年华都奉献给了麻风村。他在地处大山、条件艰苦、人迹罕至的麻风村孤独坚守,度过了 50 多个春夏秋冬,在他心中一诺何止千金?唐中和用他的朴实和近半个世纪的生命守望,立起了人人仰视的道德标杆,把浓情大爱洒遍麻风村!

　　胭脂凼,一个名字听起来温柔而美丽的村庄,却是一个被隔离的"隐形村落",当时邵阳市新宁县所有的麻风病人都在这里集中治疗,因此也被称为"麻风村"。1960 年,13 岁的唐中和不幸患上了麻风病,也被送到了麻风村进行隔离治疗。治疗麻风病的医生被临时安置在离村子三公里以外的县皮防站,当时进村的唯一通道是一条布满荆棘、崎岖坎坷的羊肠山道,医生每三天才进村一次,诊者和患者都很不方便,因此急需在村里找一位能够做简单治疗的帮手,于是选中了年龄尚小但聪明好学的唐中和。此后,饱受麻风病之苦的唐中和一边悉心照料村里的病人,一边跟着出诊的何雄医生刻苦学习医药知识、用心揣摩治疗方法,渐渐地摸出了门道,成为一名"编外医生"。

　　唐中和自己的病并不严重,经过几年的时间就康复了。在接到皮防站可以回家的通知后,他高兴得跳了起来,就在他准备与病友告别之际，却发现很多人在默默垂泪，患者刘成冬对他说："唐医生，听说你要回老家去。你要是走了，我们可怎么办啊？"唐中和一怔，望着那一双双乞求、无助的目光，哽咽得说不出话来。是啊，我曾经也和他们一样，被隔离在这个小村落，饱受病痛的折磨，很幸运地得到很好的治疗和照顾才得以康复。如今，真的要离开吗？医生进村很不容易，他们真的非常需要我的帮助啊，我又怎么忍心弃他们于不顾。稍作考虑，唐中和毅然打消了回家的念头，他用坚定的语气说出来与自己年龄并不相称的一句话："放心，我不会丢下你们不管！"唐中和留下了了，一直留到了现在。

当时的麻风村不通路、不通电，分病人区与医疗区，两区相距约 800 米左右，唐中和住在医疗区的一间斗室里。白天出诊还好办，可一到了晚上，石缝路很难走，跌倒摔伤是常有的事，此外，还需时常提防毒蛇伤人。麻风病人多有畸形和皮肤溃烂等并发症，甚至残疾，生活不能完全自理，但唐中和从不嫌弃他们，每天从早到晚，他背着药箱在各个山坡之间来回奔波，打针喂药，尽心尽力地为他们治疗。

1986 年，国家规定麻风病人可以在家中治疗，不再集中治疗。从此，麻风村再也没有增加新的成员。唐中和的家人劝他离开麻风村，但此时那些留下来的麻风病人已近风烛残年，他们需要唐中和的照顾。思索再三，唐中和还是决定继续坚守。面对不断劝说自己的家人，唐中和说："当年我许下承诺不离开，我说绝不会丢下他们不管，我必须做到。对这村里的人，我有义不容辞的责任！"唐中和再次留了下来，继续为病人治疗，并照顾老人的生活起居。

直到 1993 年，"麻风村"所有病人全部治愈。按道理，唐中和可以离开了，毕竟他做的已经够多了，他当年许下的诺言也已经做到了，但他还是没有离开，人们对此感到很意外。唐中和在山外丰田乡有一个温暖的家，妻子杨艾兰通情达理，膝下儿女双全，就是聚少离多，现在麻风病人都已经治好了，离开这里和家人团聚也是理所当然的。但他想到当时麻风村里还有几十位无家可归和不愿意离开的老人，年龄最大的已逾 80 岁，而且基本上都有疾病在身，无

法耕田劳作,平常有事要靠他处理,有病也靠他去治,他想:"如果自己离开了,他们怎么办?"面对两难的境地,唐中和再一次选择了坚守。他饱含深情地说:"这里的人麻风病是好了,可他们老了又有其他疾病,也需要我。我在这里这么久了,对他们有感情,真的割舍不下,没办法就这样离开。"

这一留,又是 20 年。他视这些老人为兄长、父母,为他们治病抓药、送米添衣,照顾老人们的起居生活,甚至按乡村的风俗为他们中的逝者送终。唐中和无怨无悔地管起麻风村所有的事,在老人们心里,他既是医生,又是村长,是保姆,更是儿子,只要有他在,老人们就安心,正如 73 岁的刘兴明所说的那样:"我们只要生了病,唐医生总是随叫随到。如果没有唐医生,我们就无法安度晚年。"

由于种种原因,唐中和始终没有正式的医生身份,待遇也很低,2006 年前,他月工资只有 325 元,2007 年至今加上手机费、生活费也不足 800 元。工作这么苦这么累,待遇这么低,甚至没有一个正式的"名分"!唐中和却在这个人人闻之色变的地方,守着一群人人避之不及的麻风病人,一守就是半个世纪,或许正如他说的那样:"如果为了钱,我早离开这里了。我就是觉得,做人要信守承诺、说到做到,我会坚守到我生命的最后一刻。"

50 年前的一句承诺,唐中和放弃了三次离开麻风村的机会,孤独坚守在与世隔断的麻风村半个世纪,不计得失,尽职尽责,与麻风病人相依相伴,为他们祛除身上的顽疾,医治心灵的创伤,用爱心践行自己的诺言。他用一辈子的坚守,向众人彰显了"诚信"的伟大力量,立起了一座焕发着诚信精神的道德丰碑。

毒奶粉风波

　　2008 年,举国震惊的"毒奶粉"事件发生时,许多批发三鹿奶粉的经营商为了避免退货造成的损失,纷纷逃之夭夭。但他却自掏腰包给客户退货,且退货总额高达 60 多万元。为此,他几近破产,然而他却并不后悔,义无反顾地在这场考验人心的事件中选择了"诚信",选择了"良心"!他,就是李发辉。一个身上看不到任何商人惯有圆滑的个体户,一个"君子爱财,取之有道"的践行者,一个满口"说老实话"、"凭良心做事"的老实人!

　　2003 年,只有高中文化的李发辉怀揣着"自主择业,实现自身价值,为社会作出应有贡献"的信念,从惠水农村来到了繁华的城市。经过一番选择,他在贵阳市华丰食品有限公司成立了"小河鑫辉食杂经营部"。一直以来,他在经营的过程中始终把"诚信"视为自己的生命。在近十年的经营中,他从来都不卖假货和伪劣食品。

　　"李老板,这些是过了保质期没有卖完的奶粉,我给您拎来了!"一位普通的中年男子,拎着一大袋奶粉,来到了李发辉的经营部。

　　"好嘞,您搁那儿吧,一共多少?我给您退钱。"李发辉笑盈盈地回道。

　　这样的对话,在李发辉的经营部十分常见。只因为他对自己的客户许下了这样的承诺:在自己店内批发的货品,保质期内没有销售完的可以退货。这样一来,李发辉把零售商们的销售风险就完全转嫁到了自己身上。对此,许多食品批发部的同行都嘲笑他太

126

"傻"，但他却并不以为然。有时候他的妻子也不理解他，于是他就跟妻子解释说："经营食品跟其他的行业不一样，那些过期的食品，质量没有保证、来源没有保证的食品，我们千万不能卖。否则害人害己！"

"这个倒是的，但人家从咱这里批发的东西由于他们自己没卖完过期了，咱可以不管的啊！"妻子仍然很疑惑。

"但是咱不收回来，人家还会继续销售，这不也是害人吗？咱能做多少就做多少！"

见丈夫如此大义，妻子也表示理解。因此，李发辉每个月都会把那些过期的商品放到广场上焚烧掉。自 2003 年来，李发辉焚烧处理的货物累计金额达 5 万余元。由于诚信经营，李发辉在生意圈内得到了良好的口碑，许多商家都愿意跟他合作。渐渐地，他的生意越做越好。

2008 年，李发辉的经营部正在做三鹿奶粉的批发。"毒奶粉"事件后，许多批发三鹿奶粉的经营户，害怕别人来退货而造成亏损，纷纷闭门停业、逃之夭夭。因为涉及的数额较大，弄不好就面临破产的危险，这时的李发辉也陷入了矛盾之中。是一走了之，还是一如既往地承担责任？

"这么多人都关门走了，就咱这经营部还开着，可这个事也不能这样不了了之。"李发辉跟妻子商量道。

"是啊，可这事太大了。可不像平时我们回收那些过了保质期的食品。"妻子忧愁道。

"这我知道，可咱平时做得好，在这关键时刻也不能掉链子。但

要是都给人家退了，咱的存款也就都没了。"李发辉也愁眉不展了。

"要不咱也一走了之？"妻子试探性地问道。

"这哪儿行啊！那些来我们这儿批发的人，他们好多都是小商小贩的。咱这一走，他们不就完了吗！"一想到这儿，李发辉坚定地说道。

"是啊，这些人好歹也是我们的老客户了。一起这么多年了，也怪不忍心的。"妻子也附和道。

"那咱就咬咬牙，给人家退货吧！"李发辉最后决定了。妻子虽然仍有顾虑，也点点头表示同意。

第二天，他的经营部门前挤满了前来退货的经销商。

"李老板，您平时就一直很好！关键时刻还是您靠得住的。"

"您可不能像别人一样也跑了啊！"

……

大家你一言我一语地说着。李发辉看着眼前一张张熟悉的面孔，没有半点犹豫先取了10万元钱退给这些客户。

"这是你的，你点点啊！"

"谢谢李老板啊，您真是好人！"

就这样，不到一天时间，这10万元钱就退得一分不剩。第二天，李发辉又带了10万元现金来到经营部，但却看到有许多陌生的面孔。他知道这些人的奶粉不是从他这儿批发的，本不打算给他们退钱。但李发辉转念一想："这些生意人也不容易。况且，如果这些毒奶粉不收回来，以后万一变了个包装继续卖，更多的小孩就要遭罪了！"一想到这儿，李发辉对前来退货的商家无条件办理。

不到三天的时间,李发辉的 30 万元积蓄全没了,但来退货的人却一拨儿接一拨儿。看着这些跟自己一同打拼多年的老客户,李发辉心想不能让他们吃亏啊。于是他想了一个办法:打欠条!

"大家请安静一下!我李某的存款真的已经全部退完了!但请相信我,跟我一起打拼的老客户,我绝对不会让你们吃亏的!从今天开始,若还有要退奶粉的人,我李发辉给他打欠条!以后绝对如数奉还!"李发辉的声音十分洪亮而坚定。

听到李发辉的承诺,前来退货却没有拿到现金的经销商都安心了。但李发辉这欠条一打,居然又是 30 余万元的欠款。

"毒奶粉"事件终于平息了,但李发辉的亏损也多达 60 余万元。直到现在,他也没有获得任何赔偿。对于从农村走出来创业的李发辉来说,60 万元是一个不小的数字。但李发辉却从不后悔,因为他觉得他做了自己该做的和能做的事!

后来,李发辉通过自己的诚实守信,与更多的客户建立起了长期的合作关系,其经营规模也不断扩大。如今,他已经清偿了所有债务,并且准备东山再起!

回顾往昔,李发辉感慨地说道:"'毒奶粉'事件后,很多来我家退货的人都成了我的老客户,这几年,他们不断支持着我一路走来,而我也从中领悟到,'好人终有好报'这个道理。"

信义兄弟

"哥，工钱一分不少，年前全付清了，你可以安心地走了。"大年初十，2月23日，弟弟孙东林赶到哥哥孙水林遇难的现场，含泪告慰九泉之下的哥哥。

事情要回到2010年2月9日，即腊月廿六，做建筑工程的孙水林从北京赶到天津，本想和弟弟孙东林聚一天再回武汉，但他查看天气预报发现此后的几天，天津至武汉沿线的高速公路，部分地区可能因雨雪封路。他决定在封路前赶回武汉，给提前回武汉的民工发放工资。春节前发放工资，是他对民工的承诺，也是他这么多年的实践。于是，他带着妻儿提前出发了。

7个多小时后，孙水林在河南开封境内的南兰高速公路开封县陇海铁路桥段遭遇车祸，车上一家五口全部遇难。

2月10日早上，弟弟孙东林打电话回家，发现哥哥仍未回家，而给哥哥和嫂子打电话也一直没有人接。预感不妙的孙东林开车沿途寻找，中间他一直未停止给哥哥打电话。终于，电话接通了。但是却被告知孙水林一家人全部在河南兰考人民医院的太平间。

孙东林赶到医院，看到哥哥一家人的尸体，顿时两眼一黑，心如刀绞、痛不欲生。但是，哥哥"春节前发放工资"的诺言一直在耳旁萦绕。哭泣过后，孙东林和随行的亲友找到哥哥的事故车，车灯还一闪一闪，仿佛是对孙东林在召唤。撬开被撞得扭成一团的轿车后备箱后，他看到了那捆完好无损的 26 万元现金。"取出钱的一刹那，要替哥哥结清付给民工工资的想法就闪现在我脑海里。"孙东林说，"哥哥今生不欠人一分钱，我不能让他欠下来生债。我这个做弟弟的有责任将哥哥的诚信精神继承和发扬下去！"

"外出打工赚钱，钱并不是最重要的，诚信比钱更重要，诚信、道义才是立身的根本。""农民工跟你辛辛苦苦干了一年，你还拖欠他们的工资，良心何安呢？"回忆起哥哥的谆谆教诲，孙东林不禁热泪盈眶。

"为了坚守承诺，哥哥的命都豁出去了，我怎能让他带着遗憾离去？虽然我们家这个年是过不好了，但不能让跟哥干了十几年的工友们也过不好年，让人家骂我们不地道！"孙东林强忍悲恸，决定先替哥哥完成遗愿，年前先给民工发放工钱再处理后事。

腊月廿九，两天没有合眼、没有吃过任何东西的孙东林赶回黄陂，一到家他就让农民工互相通知上门来领钱。

不少平时跟随孙水林的农民工都已经先期赶到孙家了，屋里的气氛十分凝重。工友们你一言，我一语，个个热泪盈眶："孙哥一家五口人都遇难了，我们这点工钱在逝去的生命面前又算得了什么呢？""孙哥为了给我们送工钱遭受了这么大的灾难，现在后事都还没有处理，我们怎能忍心……"

孙东林却不容置疑地含泪谢绝了工友们的好意。面对跟随哥哥多年的工友，他十分坦诚："各位乡亲，这次我帮哥发放工钱完全是一笔良心账，因为账本、账单全在我嫂子的提包里，但是车祸之后嫂子包里的手机、首饰、账本、驾驶证等全都没有了。所以,工钱你们自己来报,你们说多少就是多少,我就代我哥给你们发多少!"

听孙东林这样一说,大伙儿更加感动,都非常诚恳地一个个报数。经过一番核算,哥哥孙水林留下的 26 万现金不够,孙东林立即到银行取现 6.6 万元,但是还差 1 万元没有着落。正在这时,一直站在楼上看着底下动静的 70 多岁的老母亲走了下来。孙母宋腊梅毫不犹豫地拿出积攒多年的养老钱,用苍老而坚定的声音大声说道:"这个钱,你们拿着!今生不欠来生债,我不能让我儿子背上欠钱的坏名声!"老人朴素的话语,令在场的人无不动容。

从早上 7 点,忙到晚上 8 点半,直到所有工友都领到应拿的工钱,孙东林一家方才感觉无债一身轻。"哥哥可以安心了,大家也都可以好好儿过个年了。"孙东林如释重负。而领到钱后的工友,却心潮起伏,久久不愿离去……尽管有人心存怀疑,孙东林却相信民工们不会虚报数目。"最后金额同哥哥预算的数目基本相符。不少工人跟着哥哥干了多年,他们朴实忠厚,是我们为人处世的榜样,更是我和哥哥坚守诚信的动力!"

许多人可能对孙氏兄弟的做法表示不解,但事实上,孙家兄弟一直是这样为人处世的。20 世纪 80 年代,孙家兄弟俩在外干着木匠和泥工活。1989 年,哥哥带着弟弟组织了一支建筑队伍单干。2003 年,孙东林与哥哥分开单干,但哥哥常对他说:"如果大家跟你辛苦干了一年,你还拖欠人家的工钱,以后谁还会跟你干呢?"孙东林一直把哥哥的话记在心里,"绝不拖欠工人一分钱"成为兄弟俩 20 年来的约定和对农民工的承诺。

随后，孙家兄弟的感人故事引发中央及地方各大主流媒体的关注，一时间，他们的故事感动了成千上万的中国人，人们也因此而称他们为"信义兄弟"。正如"2010年感动中国十大人物"对他们的颁奖词所说的："这是一个家族对忠信的传承。哥哥遭遇不幸，弟弟义无反顾地站出。这是中国家族文化展现出的文明之花。一人有难，全家相帮，忠厚传家。这是一个商人对传统道德的坚守。重信义、守承诺在孙家兄弟的身上闪耀着道德与责任的璀璨光芒——最明亮、最温暖。"

山路校车

"来来来，娃子们，上车了！"一个深厚却又慈爱的声音经常这样响起。

"彭伯伯，早上好！"一群清脆而又欢快的声音顿时在山路间漫开。

每天早晨，这样的对话场景都会在花梨至贵阳的山路上重复着……

自从跑客运开始，这个自负盈亏的个体客运户便开始免费接送沿途山村孩子去上学，他也因此少挣十万元以上。对此，他却一笑置之："哪个开车不想多赚点儿钱？可顺路带学生，这是我的一点儿爱心，也是我当初向孩子们和家长们的承诺。做人要说话算数、说到做到，我也希望孩子们懂得这个道理，更希望他们长大后能回报社会。"他就是彭文军。

彭文军，男，汉族，1960年6月生，贵州省开阳县黔顺公司驾驶员。他的义举得到了社会的肯定。2008年，他被开阳县文明委评为感动开阳十大真情人物。2011年9月20日，他荣获第三届全国道德模范提名奖。

事情还得回到2000年。那一年彭文军从中铁建设五局辞职，回到老家贵州省开阳县花梨乡。闲不住的他和家乡的一位朋友合伙买了一辆专线客车，开始跑客运。跑客车两个月后，学校也开学了。因此，每当客车行驶在花梨至开阳的公路上时，彭文军经常发现有许多六七岁的小孩背着重重的书包吃力地走着。一个冬天的早晨，天刚蒙蒙亮，彭文军发现一个背着孩子的妇女在路边拦车，问彭文军能不能拉孩子去学校。好心的彭文军二话不说就拉上了母子俩。交谈后彭文军了解到，小孩每天要走5公里路去上学。

彭文军十分震惊："天呐，路这么远，娃子咋走咯！而且这条路全是上坡，又是顺着公路走，车子来来往往那么多，多不安全啊！"

孩子的妈妈也无奈地说道："唉，可这也是没有办法的事啊，我们是这山里人家的。"

车往前行驶了一段路，彭文军看到许多六七岁的小孩，于是他马上把车停下："娃子们，是去上学吧？赶紧上车来。"

但这些孩子们瞪着大大的眼睛你望望我，我望望你，然后又对着彭文军摇了摇头。

"怎么不上来啊？这路多难走啊。"彭文军耐心地问道。

其中一个孩子胆子比较大，大声地叫道："伯伯，我们没有钱的。"

彭文军一听笑了："我不收你们的钱，快上来吧！"

但这些孩子们说什么也不肯上，都担心这位伯是想把他们骗上车。了解了孩子们的心思后，彭文军就和售票员把孩子抱上来。哪知道一些害羞怕事的小孩又哭又叫："哇哇，我没有钱，没有钱。"他们的小手拼命地拍打着。

等孩子们都坐定后，彭文军又再次给他们说自己不会收钱的。然后跟孩子们聊起来："娃子们，你们每天要走多少时间才能到学校啊？"

"一个多小时！"其中一个孩子抢先答道。

"哪是啊！如果天气不好的话，得两个多小时呢。"

"反正是好久好久，我们走到的时候，学校都开始上课了！"

孩子们你一言我一语地说道。彭文军一听十分心疼，心想"这些个小娃子们太辛苦了，读书可是个大事。"于是当即作了一个决定：以后都要送这些可爱的孩子去上学！他慈爱地对孩子们说："伯伯不收你们的钱，以后上学就坐这个车啊！"

同时，他回过头对那位孩子的妈妈郑重地说道："你回去之后，帮我把家家户户都通知到。从明天开始，每天早晨，就在大湾村村口那个地方，让那些娃子们统一在那儿等我，我载他们去学校，我不收钱的。"

孩子的妈妈将信将疑地看了看彭文军，还以为他在开玩笑，"真的吗？"

"真的！当然是真的！我说到肯定会做到的！"彭文军坚定地说道。

那位妇女十分感激，孩子们也都高兴得跳了起来。到了目的地，孩子们说说笑笑地下了车。看着这帮天真无邪的孩子，彭文军心中感到十分温暖。

因为彭文军的一句承诺，从此，每天早上 7 点多，在通往县城的公路上，他都开着大客车一站一站地免费接 80 多个孩子去上学。为了保证既可以送孩子们去上学，又能接到乘客，他每天早上都要先送学生到学校，再返回去接乘客。开始许多孩子还不敢相信可以免费坐车，彭文军就想出了一个办法。

"只要一看到孩子彭文军就停下车,把孩子抱上来,并不断告诉他不要钱。"慢慢地,许多孩子也就相信了有这样一件好事还有这样一个好的彭叔叔的存在。彭文军的"免费校车"在当地成了一道十分奇特的风景,对此,学生们的家长都十分感激。因为,自从有了彭文军的车子送孩子们上学,他们再也没有迟到过。孩子们都喜欢上了这位慈爱可亲的"彭伯伯"!

慢慢地,孩子们开始习惯坐彭文军的车,并且还觉得彭伯伯十分亲切。为了表达对他的敬意,孩子们每次下车后,都会齐刷刷地站成一排,向彭文军敬一个队礼,并目送客车离去。再后来,无论是在放学路上,还是在乡间放牛,只要看到53岁的"免费校车"司机彭文军开车经过,孩子们都会端端正正地站好,给他们敬爱的"彭伯伯"敬一个少先队队礼!

13年过去了,孩子们换了一拨又一拨,许多免费坐彭文军车上学的孩子已经离开本地去外地求学、务工了,而彭文军却一直信守着当年的一句承诺:免费送沿途的孩子上学。如今,他依然在那条熟悉的山路上坚持着……

无人报摊

提起"报摊",大家的印象一定是长长的台子上铺满了大大小小、有厚有薄的各种报纸杂志,在台子的后面会坐着一个戴着眼镜的老爷爷或者两鬓斑白的老奶奶来看管报摊,每当有人来买报纸时,老爷爷或者老奶奶会负责收取报纸钱。在我们平常的生活中,这是一种再正常不过的现象了。但是,在我们祖国西南部的贵阳市,却有着一个与众不同的报摊,当地的人都亲切地称这个报摊是"无人报摊"。

在贵阳市旭东路某公交车站牌附近,有这样一个感动了无数中国人的"无人报摊"。一张桌子,一个鞋盒"投币箱",一块写着"投币取报"的小纸板和一百多份报纸,这就是简陋的"报摊"上所有的东西。虽然这个报摊的主人黄奶奶并没有守候在报摊旁,但是7年来,贵阳市市民们在这个"无人报摊"上投币取报却从未差过一分钱。

事情的经过是这样的:57岁的黄友翠奶奶在12年前和丈夫一起来到贵阳打工,由于她和丈夫两个人都没有什么文化,再加上年龄有些偏大,所以两人都没能像其他从农村来的打工者那样进工厂工作。眼看着从老家带来的仅有的一些积蓄即将用完,黄奶奶和丈夫两个人商量着,既然年纪大了做不了工厂的重活,但是一些力所能及活儿还是可以干的。这时,黄奶奶提出不如卖报试一试。两人一拍即合,随即就在贵阳市旭东路开起了一家小报摊。由于黄奶奶和丈夫都是很能吃苦的人,他俩每天起早贪黑的,把小小的报摊管理得井井有条，头一个月下来，净赚了3000多元。这对于刚从农村里出来的老两口儿来说，可是一笔不小的收入。于是，老两口儿便下定决心把这个小报摊继续办下去。由于黄奶奶和丈夫为人老实厚道、诚实守信、待人热情，所以很快黄奶奶的报摊在旭东路一带便出了名，甚至许多家住得比较远的人都会在早上去上班的路途中，专门来黄奶奶的小报摊买上一份报纸来关注最近国家和身边发生的一些大事。就这样，黄奶奶的小报摊生意越来越好。

一天晚上，心地善良的老两口儿，坐在他们简陋的房子里又在说着关于报摊的事情。丈夫感叹地说道："没想到每天都有那么多专门跑到咱们小摊上买报纸的人啊，想到他们我心里就十分感动。"

黄奶奶接着说："是啊，人家信得过我们，我们以后要做得更好才行！不过，老伴，最近我一直在想一件事情。"

丈夫听后连忙问道："什么事情？咱们做的虽然是不起眼的小买卖，但是不管做什么一定要为客人着想啊。"

黄奶奶微微一笑："那是肯定的！我是在想，人家能跑那么远来专门买咱们的报纸，那我们也应该替他们着想。如果我们每天早上把报纸送到他们家门口，不是能节省他们很多时间吗？"

"这个主意好是好，不过我们只有两个人，这样一来咱们都去送报纸了，谁来替咱们看报摊啊？"丈夫疑惑地问道。

黄奶奶想了想说道："嗯，老伴，你看这样吧，不如我们在报摊上弄个箱子，让来买报的人自助投币取报，怎么样？"

丈夫点点头说道："可以，但如果有人拿走了报纸却没给钱怎么办？"

投币取报

黄奶奶接着道："没关系，我相信贵阳人！况且，一份报纸也就几分钱的利润，就是有些人不给，咱也赔不了多少。"

就这样，两位可爱的老人商量好之后，第二天清晨，不到五点，天还没有亮，黄奶奶和丈夫就起来给订户送报去了，而他们的小报摊上则多出来一个像鞋盒子大小的白色盒子，盒子的正面工工整整地写着四个字"投币取报"。

"投币取报"的第一天晚上，当黄奶奶拿着盒子回家时，她都没敢打开盒子数一数里面的钱，她生怕出现一个让她对这座城市失望的结果。到家后，丈夫也刚好回来了，两人你看看我，我看看你，再都看看那个盒子，谁也没有去打开。

后来，黄奶奶一跺脚，说道："打开看看吧，我相信这世界上还是好人多！"

丈夫没做声，慢慢地打开盒子，然后仔细地数着钱，黄奶奶则核对着卖出去的报纸的份数。最后，让两人惊讶的是，这个"无人报摊"非但没有差钱。恰恰相反，还竟然多出几块钱来！黄奶奶和丈夫在后来才逐渐了解到：原来报摊上有3角、5角、1元不等的报纸，有人取一份5角钱的报纸，往鞋盒里放1元，也不找零。

有些市民说道："老太太和老大爷都挺辛苦的，他们相信咱，咱投币也应该自觉，多给几毛钱也不算啥。"

这些好心市民的举动让黄奶奶和丈夫在感到欣慰之余，也不由得感叹道："贵阳市的市民个个都是有好素质、好公德的市民啊！大家那么体谅我们的辛苦，那么信任我们这些从农村出来的人，我们更要用我们的实际行动为这座城市增添一份力量！"

　　因此，有了第一天"投币取报"的经验，黄奶奶和丈夫更加放心地将他们这家"无人报摊"经营下去。而激励他们经营下去的动力更多的是来自于对这座城市和这座城市的人民的信任和热爱。有时，老两口儿大年三十还专门给订户上门送报，而为了让订户能在早饭时看到报，老两口儿常常自己都顾不得吃早饭。一转眼，7 年过去了，黄奶奶的"投币箱"已经从刚开始时那个封闭的小盒子变成了没有盖子的鞋盒子，而且 7 年的时间里已经用坏了三十多个鞋盒子。更加可贵的是，在 7 年的时间里，黄奶奶的"投币箱"里从来只会多出一些钱，却从来都没有差过一分钱。无论节假日还是刮风下雨天，黄奶奶的报摊都会准时营业，老两口儿也和周围的人成了熟人，"投币取报"就像乘公交车投币一样，也成了在这买报的人的习惯。

　　2011 年，黄奶奶和她的"无人报摊"上了中央电视台的《新闻联播》，一时间黄奶奶变成了全国的"名人"，来报摊买报、采访的人络绎不绝，大家都把这个"无人报摊"看作是一个奇迹，只有黄奶奶不这么认为，她说："这其实就是一件小事，也是一个很简单的道理：你信别人，别人也信你，不在于有人盯没人盯，全在于信义。"

最诚实的中学生

若有一天，你骑着自行车上学，不小心撞上一辆宝马车，可能赔偿金额巨大，但车主却并不知情。这个时候，你会装作若无其事地悄然离开，还是留下来耐心等待车主？对于这个问题，每个人心中都有自己的一个答案。扬州大学附属中学高一(2)班的徐砺寒同学用自己的行动给出了完美的答案。他在不小心撞坏停放在路边的一辆宝马车之后，并没有选择逃走，而是原地耐心地等了车主近半个小时，后因急着上课，就在挡风窗上留下了一张附有联系方式的纸条。这一"正能量"的举动被网友拍下传到微博之后，迅速在全国传播开来。徐砺寒因此被人们评为"最诚实的中学生"，并因此而入选 2012 年的"中国好人榜"。

徐砺寒，扬州大学附属中学的一名普通中学生，个子高高的，长得十分清秀，戴着副眼镜，典型的学生形象。因为家离学校并不太远，所以徐砺寒没有住校，他每天都骑着自行车去上学。11 月 2日下午，他背起书包，像往常一样骑着自行车去上学。谁知道马路上出现了一块小石头，徐砺寒一下子没有反应过来，自行车从上面碾过去之后，突然跑偏。他控制不住车把，自行车撞在了停在路边的一辆小轿车上，徐砺寒也从车上摔下来。

徐砺寒急忙把车停在道旁边，拍了拍衣服，定了定神后看到轿车居然被划了一大道，而且后视镜还脱落了！"啊！天哪！这可怎么办？"徐砺寒心里一惊，一脸犯错的表情。他立即走过去把掉下的后视镜捡起来，拿着它在车上比画了半天，想看看能不能安上去，但弄了半天都安不上去。徐砺寒很无助地看了看四周，然后他把头往车里望去，发现车里没有人。

"车里面没有人，怎么跟人家交代呢？"徐砺寒心里想着，但却丝毫没有逃离的念头。

"我必须要跟人家道歉！"于是，徐砺寒就把车停在轿车旁边的林荫道边，自己靠在自行车上等着。同时心里一直在琢磨着，一会儿见到车主该怎么跟人家道歉。他在旁边等啊等，半个小时过去了，还是没有见到那辆车的车主。

眼看着马上就要上课了，徐砺寒有点着急了，但他又不能就这样走开。突然，他想到一个好办法："对了，给车主留个字条吧！这样的话，如果车主需要赔偿就可以找到我了。"他马上把书包放下来，拿出纸，却沮丧地发现自己的笔盒落在学校了，没在书包里。他发现附近有一个书报亭，于是他走过去向卖报的老板借了一支笔，很认真地写了一张字条。他拿着字条，跑向那辆宝马车。围着车转了一圈，徐砺寒不知道该把字条放在哪里。想了许久，他用掉下来的后视镜压着字条放在车头上。放好之后，徐砺寒走到自己的自行车旁，准备骑车去学校。

刚要走，徐砺寒突然想到："今天还有点风，后视镜跟字条之间缝又大，万一被风刮走了车主看不到可怎么办呢？"因此，徐砺寒再次放下自行车，来到宝马车旁，试着把字条在各个地方放了放。比较之后，他最后决定把字条夹在挡风窗上。放好之后，徐砺寒才安心地骑上自行车要走。

这时，车主凌先生和朋友们在饭馆吃完饭出来，看到自己的车子被刮了这么一大道车痕，倒车镜也脱落了，心里非常恼火，大声地喊道："这谁干的？"凌先生的一个朋友眼尖，看到旁边一个中学生正骑着自行车要走，便顿时认定就是他干的，于是快步走向前去让徐砺寒停下，"小子！给我站住！"

徐砺寒一看是车主来了，于是立即走过去态度十分诚恳地给他道歉了。车主见还是一个孩子，而且态度还这么诚恳，怒火降低了不少。当他转身看到挡风玻璃上的字条后，凌先生的气就完全消了。因为字条有一串十分稚嫩的字："尊敬的车主：我是扬大附中的一名学生，今天中午我在上学途中不小心弄坏了您的车。主要是一道划痕及左后视镜，您没在场，我赶着去上课，所以无法及时赔偿，对不起！望您及时和我联系。……"字条后边还留了联系电话。

这个时候，卖报的老板见一大群人围着徐砺寒，很害怕车主会欺负小孩。他急急地跑了过来，向凌先生解释道："这个娃子不是故意的，他在这里都等了你半个多小时了！这不是，实在是要上课了，他才准备走的！你不要怪他！"

车主凌先生一听，心里更是一阵温暖，哪还有怨气！于是他拍了拍徐砺寒的肩膀，安慰他道："没事儿，没事儿啊，小事一桩！你这孩子这么实诚，让我太感动了！赶紧去上课吧，别耽误时间了。"

见车主不但没有怪自己，还安慰自己，徐砺寒十分感激，然后骑上自行车就走了，不住地回头表示感谢。

事后，凌先生把这件事发布在了微博上："作为车主，当时我极度震惊，不知道说什么，心中只有感动。我当时拍了拍孩子的肩催他赶紧去上学。望着他远去的背影无限感慨：我们的下一代若都如此诚实守信，这社会还真大有希望！""孩子，谢谢你，你给我们这些被尘俗污染太久的大人的心灵好好地做了一回清洁，让我获得了久违的感动。"

随后，"诚信中学生"的故事在网络上广为传播。许多媒体纷纷进行了报道，在被问及为什么要这么做时，徐砺寒回答道："当看到车被刮伤得那么严重，我心里确实很慌张。当时也没有想能不能赔得起的问题，只知道这是我自己犯的错误，我有过失，所以当然要承担责任，这是很自然的事。"

徐砺寒以朴实的话语，以最平凡的行动恪守着生活中最基本的诚信与道义，不仅体现了做人的良知与品格，更传递出社会信义的正能量。尤其是在当下许多人见老人跌倒都不帮扶的社会中，徐砺寒对诚信的坚守就更难能可贵！他之所以能够引发如此多的感动，就在于他诚信的言行是当今时代之必需。